JN408752

가나다라 마바사

가나다라마바사

송진현 시집

해암

시인의 변

당신이

어제께

차려준 밥상

달게 먹었지만

내 똥은

구리다

그러니까

대변

이

라

지

차례

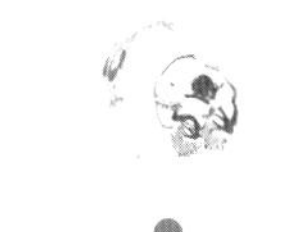

육이오 상잔

명장들의 명 대결

사생결단

판문점

차를 마시며

서시

가나다라 마바사

전장에서 종전으로 가는 중에 잠깐 땀 개는 틈이니까
오던 길 되돌아갈 수도 오던 대로 곧장 갈수도 있으니까
아비지옥 헤쳐 온 악몽 같은 길을 되돌아본다

'남측 군경 육십사만 학도병 칠천 도합 육십오만의 희생자
북측에서 육십일만 박 깨지고 코피 터져 줄초상 치른 희생자
유엔군 오십오만 중공군 백만의 장미꽃보다 붉은 십자군 선혈
홍수에 휘말린 남쪽 민간인 희생자 백만 북쪽 희생자 이백만
전쟁에 남편 빼앗긴 30만의 미망인 부모 잃은 고아 십만' *
그들 말은 한결같다 설마하다 직격탄을 맞았다고

신령님께 빌며 소지한 미 화폐 팔백십억 달러
쌈짓돈 2조 원
인민화폐 사천삼백십억 원을 불태운 육이오
한국의 발전을 기대하느니 차라리
쓰레기통에 장미꽃이 피기를 기대하는 것이 났다 하든
웃음꽃은 눈물을 먹고 자란다고 참새들 입방아를 찧든
어제를 보고 오늘 배우지 않으면 내일은 없다고

'신과 나는 다 마음의 빛이다God & I All Lights the Mind.'
라는 이들의 말을 주멉밥처럼 고맙게 받아 먹으리라

*6·25전쟁과 중공군(2015) 참조

육이오 상잔

신혼가정 난자한 치한은 남성이오
고래싸움에 등터진 사람은 여성이오
가족은 두 패로 갈라져 망신살이오
구조대원의 응급조치는 휴전이오
전문의가 권하는 치료는 봉합이오

썩은 감자의 신선한 자부심

썩은 감자떡 먹고 항일운동 한 김일성의 비법을 알고파
썩은 감자 맛보고파 혀가 감자떡집으로 달려갔다

보쌈 해 온 감자떡 식탁 위에 올려놓았다
떡이 생긋 웃으며 건네는 제의에 귀가 오금을 펴지 못한다
기아에 허덕이는 당신 위주머니를 나한테 파시오
썩은 몸 정화수에 목욕재계하고 찜 솥에서 좌선하다 신선의 도움으로 깨우친 도 살려 신접살림 나는 묘기를 당신에게 전수해 드리겠어요
가난 멍에 벗고 벼락부자 탈 쓴 비법이며 시장기는 면하면서 살은 찌지 않는 다이어트법이며 부황 위궤양 충치 십이지장충 퇴치하는 의술까지 덤으로 드리지요

꿩 먹고 알 먹는 쌍끌이 장사에 두 손 번쩍 들고 항복하며 그녀에게 역 제의했다
나는 총 한 방 쏘지 못하고 당신의 포로가 되었는데 김일성은 어떻게 당신 어머니를 제압했는지 견딜 수 없는 궁금증을 해결해주는 게 내 항복 조건이오

그녀는 아름다운데다 상냥하기 그지없다
그건 천기누설이나 1급 비밀은 아니니까 물론 알려드리지요
그분은 워낙 동작이 민첩해서 어머니가 그 제의를 끄집어내려

는 순간 총 꺼내는 행동으로 오인 전광석화처럼 어머니 목을 물어뜯는 바람에 잡아먹혀버렸으니 속수무책이었지요

페루에서 한반도로 침투한 감자 침범사에 가장 굴욕적인 오점으로 남겼지요
감자배낭 속에 씨눈을 빠뜨린 것이나 진배없는

이 대통령의 아이러니

유교 신봉 가정에서 자랐으나 기독교를 신봉하다니
아이러니야
항일운동했으나 친일파를 옹호하다니 아이러니야
한국인 최초로 정치학박사 학위 받고도 독재정치로 막 내리다니
아이러니야
한국인을 지극히 사랑했으나 외국인과 결혼하다니
아이러니야
경자유전 원칙 마련했으나 토지 한 평 없다니
아이러니야
반공포로 석방했지만 북한 억류 포로 인질로 잡히다니
아이러니야
반공통일 추진했으나 남북분단 주역 되다니
아이러니야
미국에 고분고분하지 않았으나 한미방위조약 체결하다니
아이러니야
휴전 도장 찍지 않았으나 2억 달러 원조 10개 사단 증설 특혜
받다니 아이러니야
평생 동안 기독교를 신봉했으나 모든 종교 포용하다니
아이러니야
독재 딱지 붙었으나 자기 빌로 이화장을 니기디니
아이러니야
한국에서 태어났으나 타국에서 임종하다니 아이러니야

손잡아도 아이 서던 시절

손만 잡아도 거짓말처럼 아이가 들어서던 시절도 있었다
프랭클린 루즈벨트 미 대통령은 43년 11월 이집트 카이로로 날아가
처칠 영국 수상 장제스 중국 총통과 손만 잡았을 뿐인데 아이가
들어섰다
지구촌이 주목하는 잘 여문 보름달 같은 대한민국이 태어났다
미국에서 수십 년간 청춘을 불사른 산모 이승만이 돌아왔다
옥동자 '대한민국' 품에 안고 태평양을 건너왔다

사회주의고속도로 설계사

한반도에 물류고속도로를 닦기 위해 최초로 설계도를 작성한
사람은
박정희가 아니라고 의의疑意를 제기할 사람은 없겠지만
사회주의고속도로를 스탈린이 설계했다는 사실을 아는 사람은
흔치 않다
스탈린은 모스크바 삼상회의 이후 김일성에게 최신 장비를 제
공했다
능숙한 솜씨로 평양-서울-부산 간 사회주의고속도로 닦게 했다
건설인력은 10억 인구를 통제 관리하는 마오쩌둥에게 떠넘겼다
이 와중에 미국이 움직이면 풋내기 김일성은 북으로 쫓기겠지만
이 위기에 마오쩌뚱의 군대를 투입시켜 코끼리와 곰의 결투를
관중석에 앉아 박수치며 구경하다 피투성이 되어 쓰러지면
피 한 방울 흘리지 않고 한반도를 수중에 넣는다는 것
그 다음엔 한반도 호에 승선해 일본 항해한다는 것
베트남-유럽을 관통하는 세계 최장거리 사회주의고속도로는
그렇게 시작되고 닦게 될 것이라는 회심의 설계도를 마련했다
도로를 닦는 동안 마오와 김일성에게 현장감독을 맡긴다
두 수사자는 자기 동물왕국 새끼들의 살 발라 주린 배 채우고
남은 뼈를 추려 도로 닦는 도구로 사용해 도로를 파헤치다
피를 마셔 타는 목을 적시게 될 것이며
기름을 짜서 도로 포장을 완료한 뒤
고속도로 질주하며 온 세상에 제 씨 뿌린다는 웅대한 포부를

품었다
자타가 공인하는 세계 최고의 설계사 스탈린도 치명적인 허점이 있었다
믿고 부리던 부하 베리아에게 독약을 받게 될 줄 까맣게 몰랐으니

세기의 세계챔피언 전

세계의 이목이 집중된 챔피언 결정전이 벌어졌다
여느 싸움과 같이 아이싸움이 어른 싸움으로 커진 경기였다
아시아의 한 모퉁이 김일성과 이승만의 신인왕전이었지만
그들 뒤에는 미국과 러시아라는 키다리 아저씨가 있었다
스탈린의 코치를 받은 김일성이 기습을 감행하자
이승만이 그럴 줄 알았다는 듯이 트루먼에게 도움을 요청했다
트루먼은 영국 프랑스 캐나다 등 여러 친구까지 끌고 한반도로 달려왔다
능구렁이 스탈린은 자신의 예상이 적중한 현실에 미소 지으며
더 이상은 판 키울 수 없다며 즉시 마오를 대타로 내세웠다
마오는 장개석을 한 방에 때려눕힌 될성부른 신예였다
트루먼은 그를 얕보았고 마오는 적의 실력을 가늠하지 못했다
5회전을 싸웠으나 서로 녹다운을 주고받았을 뿐 승부를 가르지는 못했다
두 거인 챔피언 결정전에 매 품을 판 사람은 남북한이었다

좌우명 전시회

할 말 많은 사람들은 말 못하는 곳으로 떠나고
말보다 간판 걸고 싶은 사람들의 좌우명 전시회가 열렸다
모처럼 판문점이 문전성시 이루었다

김일성 이민위천以民爲天 백성을 하늘같이 섬겨라
이승만 경천애인敬天愛人하늘을 공경하고 인간을 사랑하라
트루먼 최선을 다하자
스탈린 자유와 독립보다 중요한 것은 없다
맥아더 자신감이 있으면 젊은 것이고 두려워하면 늙은 것이다
마오쩌둥 항미원조전쟁抗美援助戰爭 남의 나라 내전에 뛰어 미국
에 한 수 가르치기 위해 싸운다

수상식에 운집한 청중은 장황한 변명을 여섯 글자로 축약한 항
미원조전쟁抗美援助戰爭은 좌우명이 아니라 한 편의 전쟁경축 시
라며 박수갈채 보냈다

바꾸려다 다 못 바꾼

1961년 5월 16일을 기점으로 그 이전과 이후는
하늘과 땅 차이만큼이나 세상이 바뀌었다

한 해 10만 원(1962)도 쥐지 못하던 돈 200만 원(1979)이나 쥐게 되고
무능밖에 기대할 수 없는 정권 총부리로 파헤치고 머슴을 자청해
측근 손에 암살당하는 순간까지 18년 동안 피 말리는 고생했지만
비렁뱅이 가문을 부자 부럽지 않은 가문으로 끌어올려 놓았다
새벽종 울리기 전에 일어나야 새마을사업 할 수 있다는
새마을사업 성공하면 우리도 잘 살 수 있다는 자신감 얻었다
파독광부 울며 매달려 종자돈 꿔다가 백사장에 조선공장 세웠다
분단 이후 최초로 남북7 · 4공동성명 평화통일 징검다리 놓았다
주인이 머슴 뽑는 직선제 버리고 주인 손으로 머슴 갈기 어려운
세상 만들고
불평불만 몽둥이로 때려잡다 결국 측근 총에 목숨 잃었지만
빈 곳간 채운 머슴 중 상머슴임에 틀림없다

선진국에 걸 맞는 10만 원짜리 돈 만들어 손에 쥐고
상머슴으로 박정희 기억하고 싶은 사람 초상화에 입 맞추게 하고
예전 한 못다 푼 사람은 침 퇴 퇴 뱉어가며 돈 세어보라 하고
머슴 모습 그리운 사람은 들며 날며 초상화 보라면 좋겠다

미리내 징검다리

이 냇물 징검다리 되기까지 사연도 많았구나
일제식민통치삼십육년
미 · 소일본군무기회수
남북분단삼팔선
김일성육이오전쟁남침
북미휴전조약체결
냇물도 너를 끌어안고 통곡하며 떠나는구나

이제 남은 돌은 다섯 중에 골라잡을 한 덩이
남북분리공동정부수립
남북혼합평화통일정부
김정은핵전쟁무력통일
북한내무력봉기흡수통일
북한자멸흡수통일
어느 돌이나 징검다리 놓을 수는 있지만
아무 돌이나 징검디리 놓을 수는 없어 깊어가는 고민
문(선명) 총재 살아 계실 적에 도와 달라 청해 볼 걸

오뚝이처럼

서해를 폭격하면 월드컵 망친다고 믿었겠지만
서해를 포격(2009)하면 무슨 요구든 다 들어 줄줄 알았겠지만
연평도가 불바다 되면(2010) 섬사람들 다 떠날 줄 알았겠지만
육이오 남침으로 재가 되어도 불처럼 일어났듯
쓰러지지 않고 일어났다 더욱 꿋꿋이
온풍 불면 웃옷을 벗을 수는 있지만
설한풍엔 옷 껴입는다는 바람과 해의 힘겨루기
초등학생도 다 아는 상식이잖아
김정일 국방위원장은 전쟁고파 벌써 까먹었잖아
'한강은 평양에서 지척이다 5분 안에 불바다를 만들 수도 있다' 는 협박에는
'북한은 서울에서 지척이다 5분 안에 북한인민 다 소개시킬 수 있다' 로 응답하지
김정은에게도 타이르시오 핵위협 남 아궁이 불 지피는 불쏘시개라고
세 번이나 해 봤잖아 전쟁위협 알잖아 그거 안 통한다는 거

대중 지팡이

대중의 지팡이는 대중이라며
바다에 빠뜨리는 대중을 대중이 살렸다며
대중은 바다에 수장당해도 자유는 수장당할 수 없다며
모세의 지팡이가 홍해를 가르듯 대중의 지팡이가 남북 튼다며
흐르는 물이 물고 트듯 대중의 지팡이는 남북대화 튼다며
찬바람은 갑옷을 못 벗겨도 햇볕은 정일 갑옷 벗긴다며
연합제안 연방제 공통분모 찾으면 화합 가능타며
지팡이가 가는 대로 가면 마음도 간다며

처음 보는 새

맨 처음 하늘을 날다 추락하는 새를 보았다
탄식하는 울부짖음 사방에서 터졌다
저렇게 잽싸게 나는 새는 머리에 털 나고 처음인데
저렇게 땅에 붙어 나는 새는 새 나고 처음인데
저렇게 멀리 나는 새는 눈 생기고 처음인데

뒤웅박 통일론

근혜네 초가지붕에 대박이 열렸다는 소문 왁자지껄하더니
감동만 뚝 따먹고 어디로 사라졌는지 감감무소식이다
장대하게 시작한 드라마처럼 단명으로 끝나버렸다
소문난 잔치에 먹을 것이 없다는 말이 틀리지 않았다
새천년이 오기도 전에 굶어죽을 줄 알았던 북은
핵 대박 터뜨렸다고
남아도는 금은보화 갈라주겠다고
싫다는 사람 붙들고 먹기 싫어도 먹으라며
협박 아닌 협박도 서슴지 않는 마당이라
통일대박 어디 맛보기라도 달라고 코웃음 치고 있다
내게 기회를 빌려준다면 차라리 대박을 걷고 뒤웅박을 심고 싶다
대박은 가르지 않으면 못쓰지만 뒤웅박은 가르면 못 쓰니까
텃밭에 뒤웅박을 심어야 실속을 챙기지 싶다

생일 축하합니다

김정은 제1비서님 만민 보살피는 어버이 심정으로
11월 20일 생신 날 저를 위해 생일초청장을 해산한다면
산부추꽃 은은한 향기와 한 쌍의 사슴으로
산후조리 미역국을 끓이겠습니다

북에는 백년 만에 들이닥친 왕가뭄이란 소식들었습니다
궁핍에 시달리는 인민에게 이밥만한 선물 있겠습니까
통일호에 한 가득 담아 싣고 가겠습니다
구휼미라기엔 턱없이 부족한 양인 줄은 알지만
양보다 정성 쪽에 시선 집중해 주시면 고맙겠습니다
양이 많다고 반드시 행복한 것만도 아니고
양이 적다고 반드시 불행한 것만도 아니라는
돌아가신 추기경 말씀으로 위문공연 하겠습니다

김 제1비서께서 평양으로 갈 초대장을 보내신다면
김일성 수령께서 7·4공동성명 첫 단추를 잘 채워서 고맙고
김정일 국방위원장께서도 개성공단 여는 통 큰 결단으로
둘째 단추 잘 채워서 더욱 고맙고
김정은 제1비서께서 응당 마지막 단추도 잘 채워 주실 것 같아
직접 가서 고맙다는 예물 전하고 싶은 심정 헤아려 주십시오

텔레파시 통해 초청장 보내주시리라 믿고 기다리겠습니다
김정은 제1비서님 다시 한 번 생일축하합니다

시진핑의 과녁

다음의 다섯 아들子들은 시진핑의 시선 꽂힌 과녁이다
집房子
차車子
여자女子
돈票
아들孩子
오자五子를 명중시킨 것은 부패사슬 한 발에 끊은 탁월한 솜씨임에 틀림없지만
아까워라 화룡점정을 놓쳤으니
김 씨네 아들金子

비단벌레 눈

38식 소총에는 비단벌레 눈 같은 황홀경총구가 있다 이 눈에 홀리고 비켜 간 사람은 애오라지 세월뿐이다

38식 소총 ← 미소무기회수 ← 38선 ← 남북분단 ← 육이오 남침
← 유엔군 참전 ← 중공개입 ← 600만 사상자 발생 ← 휴전
↑
성 프란치스코 교황 내한 → 남북한분단 앙금 고착

그때 깨달았더라면 좋았을 걸
호미로 막을 것을 가래로도 못 막는다고 할머니가 일갈하실 때

명장들 명 대결

분기탱천한 김 씨네 발자국에
논두렁 밭두렁 무너진다
방천 하는 이 씨네 일꾼들
팔다리 다 빠진다

신토불이 애국심

예전에는 온 백성 모아놓고 나눠주던 마음의 양식이니까
지금도 먹으면 몸보신할 음식이니까

김일성의 남침을 막지 못한 죄 죽음으로 단죄한 안병범 장군의
비장한 애국심을 "까꿍!"하며 깜짝 놀라게 해주고 싶다

대추처럼 열린 2세들까지 나눠먹고 굳건히 나라 지킨 충의정신
을 "까꿍!" "까꿍!"하며 한 차례 더 놀라게 하고 싶다

놀랄 일은 많지만 놀라지 않는 민초들에게

바람아 강풍아

평양대장간에서 벼른 바람이 서울을 강타했다
서울 명월관에서 놀던 바람은 북풍의 적수가 될 수 없었다
대전으로 쫓겨 가며 황급히 태평양을 손짓했다
큰물에서 놀던 토네이도는 덩치 값을 했다
북풍은 남풍을 때려눕히고 힘이 남아돌았지만
토네이도의 거구 앞에서는 속수무책이었다
북으로 쫓기며 개마고원 근처에서 에스 오 에스를 쳤다
만주벌판에서 뛰놀던 황사가 단숨에 압록강을 건너뛰었다
영국의 손아귀에 쥐어 살던 황사만 보아온 토네이도는 코 똥을
끼며
단숨에 때려눕힐 듯이 황사의 멱살을 움켜쥐다 땅바닥에 나뒹
구는
수모를 당하고 얼굴이 벌겋게 상기되었다
다시 벌떡 일어나 주먹을 불끈 쥐었으나 혹시나 하던 기대는 간
데 없고
역시나 황사의 주먹 한 방에 나가떨어졌다
만리장성을 넘고 황하를 건너서 북경으로 날아온 바람은
황우장사도 때려눕힐 정도로 막강한 힘이 보충되었다
젖 먹던 힘까지 짜내며 몇 합을 더 붙었지만 번번이
터지는 쪽은 황사가 아니라 토네이도였다
시베리아에서 구세주가 날아왔다
두 손을 끌어당기자 기다렸다는 듯이 서로 손을 잡고 힘차게 흔

들었다
북풍을 일으킨 장본인이 김일성이라면 북풍을 끝까지 막아낸
방패는 백선엽이었다
이승만은 2차 대전에 아이젠하워가 있었다면 육이오엔 백선엽
이 있다고 했다
회오리바람이 휩쓸고 간 자리엔 육백만의 나무들이 쓰러지고
삼십칠조 원이라는 돈이 가랑잎처럼 날려갔다
가옥 학교 관공서 공장 병원은 불타고 부서져
남은 것은 허허벌판 같은 갈비뼈 앙상한 앙가슴뿐이었다

살 의무 죽을 권리

인민군이 태안반도를 공격했다 17연대장 백인엽은 평소에 큰소리치던 대로 평양으로 밀어붙여 뜨거운 맛을 보여 줄 절호의 기회가 왔다며 호기롭게 "북으로 진군하라!"고 명했으나 우두머리는 진군하는 데 수족들은 중과부적 뱃머리에 올라 줄행랑을 놓았다 최종 철수병력 실은 어선은 연대장을 부르고 포대장 박승옥 소위도 포사격은 자기에게 맡기고 부대를 끌고 함께 후퇴하란 간청에 사자 눈을 부릅떴다

부대병사들이 안전하게 LST에 승선한 것을 멀리서 지켜보던 연대장은 그제야 의무를 완수하지 못한 지휘관의 책임을 물어 자기 머리에 총구를 겨누었다 수상쩍게 지켜보던 박정호 소령은 쓴 소리를 했다 죽을 권리가 연대장에게 주어진 것으로 착각하지 마십시오 우리 부대는 적과 싸워야 될 의무가 아직 남아 있습니다 우리의 의무를 충실히 이행하다 보면 머지않아 죽을 권리가 주어질 것이라며 권총을 낚아채고 조각배 한 척을 끌고와 함께 후퇴했다

무사히 건너야 할 텐데

오늘은 221개의 징검다리를 건냐야 하는데
어제도 221개의 징검다리를 건넜으니까
내일도 221개의 징검다리를 건너지 않으면 안 된다

육이오전쟁이 터졌다는 비보를 듣고
너나할 것 없이 통일다리를 놓겠다고 소매를 걷어잡았지만
살신성인정신으로 통일징검다리가 된 사람들은
5,766,984명이라고 전해 들었다
'그 가운데
국군은　616,702명
경찰은　　17,378명
학도병　　　7,000명
유엔군　545,908명
인민군　607,396명
중공군　972,600명
남한민간인　100만 명
북한인민　　200만 명이라니까' *

분단 80주년을 맞는 2025년 6월 25일 날
이 징검다리를 무사히 다 건너기 위해서는
쉴새없이 날마다 211개의 징검다리를 건너야 하니까

---

*6·25전쟁과 중공군(2015) 참조

옥정애 여사의 은장도

옥정애 여사는 최창식 대령의 아내 슬하에 자식 하나를 두었다
'최창식 대령은 한강교에 구멍을 뚫어 폭약 1톤을 넣고 도화선 60cm를 깔라고 명하며 국가부흥을 위해 쓰려고 연마한 기술이 서울시민의 생명줄을 파괴한다는 모순에 치를 떨며 "폭파하라!" 명령하는 눈물줄기 같은 도화선의 불꽃이 튀다 쾅! 쾅! 요란한 폭음과 함께 불기둥이 치솟고 육중한 다리가 와르르 무너졌다
6월 28일 새벽 한강 가에 있던 해즐리트 대령과 하우즈맨 대위의 시계가 2시 15분을 가리켰다 인민군의 탱크진격을 막기 위해 불가피한 선택이었지만 서울의 발이 절단되었으니 시민들은 물론 국회까지 이 문제를 놓고 정국을 들쑤셨다 다리폭파 명령을 내린 채병덕 참모총장은 저승으로 불려간 뒤라 최 대령이 홀로 다리 폭파책임을 둘러쓰고 1950년 9월 15일 사형장의 원혼이 되었다' *
미망인은 남편의 죽음이 원통해 가슴에 은장도를 품었다
울며불며 사방을 찔러댔다 그녀의 눈물겨운 노력에 하늘도 감동했다 1962년 부인이 청구한 최창식 대령의 재심청구가 받아들여져 고혼에게 마침내 무죄를 선고했다 유족에게 250만 원의 보상금도 지급되었다 재판이 끝난 뒤 한 동안 저승도 왁자지껄했다 대령은 상관 복은 없어도 아내복은 대한민국 군인 중 으뜸이라고

* 장문평 이동식 공저『한국전쟁』(1987, 제2권) 68~82쪽 참조

똥 볼 장군

똥 볼을 잘 지르는 선수가 관중의 박수 받는 시절이었다 채병덕 장군은 호루라기만 불면 한 볼에 평양 골문을 가르겠다는 똥 볼 덕에 감독의 절대적인 신임을 받던 서울 수문장이었다 정작 신호가 떨어졌을 때는 관중이 놀라 기절초풍했다 한 볼에 골문이 철렁 갈라지긴 했으나 평양이 아니라 서울 골문이었기 때문이다 만회의 골을 터뜨리기 위해 작심하고 달려온 맥아더 외국인 코치가 물었다 만회전략이 뭐냐고 그 말이 땅에 떨어지기도 전에 백만 대군을 훈련시켜 물리치겠다고 또 한 볼 지르자 대통령께 당장 선수를 갈라고 한 대책 없는 선수였다
운동장 한 귀퉁이 마산에서 복수의 칼을 가는 그에게 감독 신성모의 사인이 떨어졌다 지금 적은 전남에서 경남 하동으로 지향하고 있다 귀하가 책임질 줄 아는 장군임을 입증할 기회를 줄 테니 적을 격퇴하라는 명을 받고 진주로 달려갔다 다행히 모트 대령은 미 29연대 제3대대를 하동으로 급파했다 50년 7월 27일의 아침 해가 뜨기 직전이었다 쇠고개로 올라선 사령관 앞에 150여 수상쩍은 무리들이 고개를 올라오고 있었다 도대체 너희들은 어디서 굴러먹던 부대냐 그의 말을 표적 삼아 탕 탕탕! 벼락 치듯 총성이 울려 퍼지고 채 사령관이 머리에 관통상을 입고 그 자리에 픽 쓰러졌다'* 공은 혀로 차는 아니라 발로 차는 것이라는 것을 너무 늦게 깨달은 장군이었다

---

*이희진 지음 『6·25 미스터리』(2010) 135~134쪽 참조

순수한 전쟁정신

최초라는 수식어로 별을 단다면 김용배보다 많은 별을 달 장군은 없다

1950년 10월 26일 북진하던 군인 중 최초로 압록강에 도착한 이대용 중대장이 수통에 담아 온 물을 대통령께 전해 드린 17연대 제1대대장
1951년 7월 2일 강원도 양구 토평리 지역에서 중국군과 고지전을 벌이다 포탄을 맞고 전사한 한국군 최초의 연대장
장렬한 전사에 이 대통령은 준장으로 특진시키고 태극무공훈장 추서하니 30세 사후에 별을 단 대한민국 최초의 장군

전쟁으로 세상을 뒤집어엎으려는 김일성 음모를 불굴의 정신으로 막으려했던 장군의 정신은 정화수처럼 순수했다

민주주의고속도로 설계도

그는 아시아 여러 나라에 커다란 발자국을 남긴 장군이며 정치가이기 전에 한반도와 유럽을 관통하는 민주주의고속도로를 설계한 설계사였다

김일성이 남침을 감행하자 딘 소장을 보내 김일성의 무모한 침범을 일격에 물리치려다 되레 미군이 사자의 간식거리로 소모된 뒤 웨스트포인트를 수석으로 졸업한 명석한 자기 두뇌와 우수한 두뇌집단으로 조직된 참모진이 군사력 지형 기상조건 군사장비 제반 문제를 대비하고 거짓정보를 흘려 적을 속이는 인천상륙기습작전을 감행해 인민군의 허리를 단칼에 잘라 능지처참했다 그 기세로 원산을 상륙해 백두산까지 진격하는 꿈을 펼쳤으나 마오쩌뚱 군대의 걸림돌에 막히자 핵폭탄을 만지작거렸다 히로시마에 선보인 핵 다이너마이트를 터뜨려 장애물을 제거하고 민주주의고속도로를 뚫으려는 장계를 트루먼 대통령에게 올렸다 이 도로가 완성되면 북경-모스코바-스페인을 관통시킨 뒤 손을 씻겠다는 설계도를 깃발처럼 치켜들었다

재래식 연장을 동원한 제한 전으로 연장 팔아 2차 대전으로 가벼워진 자기 호주머니를 채우려는 트루먼의 종자돈 말리려는 무엄한 노발에 트루먼은 맥아더 손에 쥐이주었던 권한을 통째로 빼앗아버렸지만

별에 가려진 별들*

50년 9월 15일 오전 2시의 인천상공을 낮처럼 환히 밝힌 별은
단연 맥킨리 호의 맥아더 원수였으나 그 뒤에도 별은 많았다
작전계획의 성공으로 두 계급이나 껑충 뛴 에드워드 로우니 장군
맥아더의 그림자 제10군단장 아몬드 소장 작전부장 라이트 준장
미 연합 참모본부 작전부장 폭스 소장 민정국장 휘트니 소장
세파트 장군 스미드 준장의 미 해병 제1사단
제7통합기동부대 사령관 스트러블 해군 제독
플러 대령의 미 제1해병연대 제1대대장 뉴턴 중령 그 뒤를 따르는 B 중대장 팬튼 대위 제2대대장 로이즈이 중령 제3대대장 리지 중령
머레이 중령의 제5해병연대 제1대대 제2대대
상륙통제관 아아몬 해군 소령
유엔군 총 사령부 직속 제521군사 정보대 통역관 조성식
폭발하는 수류탄 위에 몸을 덮쳐 산화한 로펫 소위 등 17만의 은하수군단이
쇳덩이처럼 제련된 크롬철광Chromite작전으로 거둔 승리였다

---

*『한국전쟁』(1986, 제3권) 219~248쪽 참조

한국 최장 징검다리

1950년 8월 초순의 태양이 연신 비지땀을 훔치는데
인민군 제1 2군단 제3 4 5공격집단은 낙동강을 마주보며 미 제 24 25사단 육군 제1 제3 제8사단 그리고 수도사단과 공방전을 벌였다

미 8군 워커 장군이 탄우를 피하며 "Stand or die!"를 연발하는데
귀관은 군인이다 죽을 각오로 싸우지 않으면 내가 병사들 뼈를 묻어 전선을 방어할 것이라는 호통소리 따발총보다 무섭다

애석해라
아들 샘 대위에게 은성무공훈장 전하고 영연방 여단으로 가는 길에 국군이 몰던 트럭과 충돌해 유명을 달리했으니

더더욱 그리워라
그대는 관문의 디딤돌 자다가 웬 떡인가 싶고 샘과 둘이 놓은 한미징검다리 건널 적마다 가고 없는 그대가

적 하늘에 빛난 별*

맥아더 원수가 딘 소장을 적의 아가리 깊숙이 쑤셔 넣었지만
적 탄 맞은 부상병을 데리고 산속을 헤매다 미궁에 빠졌지만
대구로 데려다 준다는 젊은이 말을 곧이곧대로 믿다가
단 돈 5달러를 받고 인민군에게 팔아넘기는 바람에
믿었던 도끼에 발등 찍혀 적 포로가 되었지만
적에게 볼모로 잡힌 비운의 왕자가 될 수밖에 없었지만
생명을 저당 잡힌 적의 심문이나 회유에 무수히 시달렸지만
밤이 두꺼운 장막을 치면 칠수록 더 빛나는 별이었다 그는
그러나 이것은 아직 노블리스 오브제의 맛보기에 지나지 않았다
휴전 후에 그는 돌아가지 않을 다리를 건너 한국 땅을 밟았다
53년 9월 그가 본국으로 귀환하라는 명을 받았을 때다
그 때문에 적에게 볼모로 잡혀 3년이나 말할 수 없는 고통을 받았지만
한두규를 벌해 원수를 갚는 신앙의 배신자가 되고 싶지 않았다
그에게 아량을 베풀어 회개하는 삶을 살 기회를 주기 바란다는
통 큰 아량을 베풀어 메마른 전장에 촉촉한 단비를 뿌렸다

---

*장문평 이동식 지음 『한국전쟁』(1987) 참조

자랑스러운 대한의 아들

미 특별무공훈장 은성무공훈장 공로무공훈장 전상훈장 프랑스 레지옹 도뇌르훈장 십자무공훈장 이탈리아 십자무공훈장 동성무공훈장 등 각국에서 준 훈장으로 갑옷 지어 입었다는 말 처음 들었다

육이오소식 듣고 태평양을 건너와 중공군 총공세에 맞불 놓으며 자기 대대병력이외에도 군단 사단포병대의 지원을 받아 화력을 총 동원한 집중포화 퍼부어 참호 속에 가두고 피아의 거리 바짝 좁혀질 때 대공화기의 각도 낮춰 포격하다 포성을 뚝 자르면 적은 적이 물러간 줄 알고 고개를 내미는 순간 포화를 끼얹어 섬멸한 작전 있다는 말 처음 들었다

흥남에서 철수할 때 연합군을 엄호하는 중에도 거리에 떠도는 고아 500을 모아 먹이고 입히고 가르쳤다는 말에는 고개를 갸웃거렸다

휴전 후에도 한국군의 전시동원계획을 수립하고 미사일부대 창설에 물불 가리지 않고 뛰었다는 말 선뜻 이해할 수 없었다

대령 군복 벗고 자선단체 유나이티드 웨이 LA지부 이사를 맡아 이민자와 장애자를 돕는 일에 한 몸 던졌다면 틀림없이 한국인일 거라고 믿었다

일본을 상대로 위안부에 대한 사과와 배상을 촉구하는 결의안을 미 의회에 통과시켰다니 누구 아들일까 궁금했다

그가 미국으로 건너가 항일운동 펼치던 독립투사 김순권의 아들(김영옥)이란 말에 역시 왕대밭에 왕대 나는구나 싶었다

고아들의 아버지

한라산 상봉에 밧줄 매고 부산에서 제주를 여러 차례 가고 왔지만 나는 기껏 청태 낀 푸른 벽을 탓을 뿐인데 제주는 생명수가 샘솟는 삼성혈의 본향임을 간파한 사람은 러셀 블레이즈델* 군목이었다

사람들이 더럽다고 피하는 전쟁고아는 더럽다고 피할 똥이 아니라 황금나무 씨라며 피난길 제주도로 날아가 크리스마스트리처럼 옮겨 심었지만 물을 주고 김을 매고 가꾼 사람은 제주의 바람이요 들판이며 인심이었다

삼성혈에서 태어난 삼성 시조는 제주를 충만하게 채웠듯 그가 심고 제주인심이 길러낸 천 그루의 황금나무에서 딴 천 그루의 천 배나 되는 한라봉은 한반도를 배부르게 먹여 살찌우고 있다

이 황금나무 백두산에 심어 천 그루의 천만 배로 불어난 백두봉으로 한반도의 민초들 다 먹여 살렸으면 좋겠다

* 러셀 블레이즈델 : 육이오전쟁 중에 부모 잃은 전쟁고아 1,000여 명을 1950년 12월 21일 제주도로 피란시킨 고아의 아버지

반전의 기수

가슴이 롤러스케이트 타는 날이면 지평선을 바라보자
지평선에 아침 해가 뜨면 지평리를 떠올리자
지평리에 별이 뜨면 랄프 몽클라르 장군 본 듯 반기자
별 셋 다 떼고 중공군과 싸운 몽클라르의 지평리전투를 상기하자
그 전투에 의문부호 슬그머니 따라 붙으면 '지평사모' 클릭하자

1951년 2월 13일부터 숭고한 정신으로 의식을 거행하듯 치열한 전투를 벌였던 랄프 몽클라르는 미 23연대와 프랑스대대 5천여 명이 2만여 중공군과 맞붙은 지평리전투에서 솔연처럼 머리를 치면 꼬리가 덤벼들고 꼬리를 치면 다시 머리로 덤벼들고 몸뚱이를 치면 머리와 꼬리가 동시에 덤벼들어 적을 물리쳐 패색 짙은 육이오판도를 바꿔놓은 명장이었으니

호랑이 왕위쟁탈전

조선을 두 동강 낸 미 제국주의 반동을 한반도에서 몰아내자
자본가에게 착취당하는 남조선인민을 해방시키자는 선동이 선풍을 일으켰다
김일성의 남침은 인민의 성원 하에 성공을 눈앞에 보는 듯 했으나
전략부재에다 뒷심이 딸려 결국 실패로 막을 내렸다
책임져야 할 꼭대기에 김일성과 박헌영 두 수컷 호랑이가 있었다
전쟁을 명령한 책임과 후퇴계획조차 없는 전략부재가 김일성 목을 옥죄었다
스탈린에게 전쟁을 회유한 책임과 무책임한 도주가 박헌영을 손가락질했다
두 호랑이의 치열한 사투는 장백산에서 잔뼈 굵은 백두호랑이의 승리로 끝났다
박헌영이 미제간첩이라는 미끼를 물었기 때문에 빠져나갈 구멍을 찾지 못했다
'박헌영과 이승엽은 미 간첩 5~6개선을 개설해 정보를 교환했으며 53년 이승엽 이강국 박승원 배철 조용복 조일명 설정식 등은 현 정권을 파괴하기 위해 모의한 구체적 증거들이 드러났다 53년부터 약 넉 달 동안 조사한 결과 그가 꾀한 혁명정부에는 수상 – 박헌영 부수상 – 주영하 박시우 내무상 – 박승원 외무상 – 이강국 무력상 – 김응빈 선전상 – 조일명 교육상 – 임화 노동상 – 배철 상업상 – 윤순달 혁명정부제1비서 – 이승엽 현장지휘부책임자 – 김응빈 부책임자 – 맹종호 연락부책임지

도원 - 윤병삼 제1지대장 - 정진호 길화영 조영호 부부장 - 윤순달 유원식으로 하며 폭동주력 중화군 제1지대 약 5백 명 황해도 제10지대 1천 명 제5 제7지대 약 2백 명 인민군 1개 예비사단 중 일부 강태무 표무원의 2개 독립여단과 학생 4백 명을 동원해 52년 미군 추계공세 때나 53년 춘계공세 때 김일성을 타도하고 혁명정부를 수립한 뒤 설정식 조일명 이원조를 남파한다는 모의를 해 인민공화국 최고재판소가 53년 8월 3일부터 재판을 열고 8월 6일 형을 선고했다 이승엽 조일명 임화 박승원 이강국 배철 박형복 조용복 맹종호 설정식은 사형 윤순달은 15년 이원조는 12년 박헌영은 12월 15일 사형을 언도 하고 이듬 해 7월 19일 밤에 형을 집행했다' *

*구술 박병엽 엮음 유영구 정창현 『김일성과 박헌영 그리고 여운형』 315~382쪽 참조

김일성가의 상머슴

한반도 전장을 갈아엎어 죽음을 뿌리고 다니는 리영호 소장은
부농 김일성가의 상머슴

6월 28일 제3사단의 리영호 소장은 미아리 고개부터 죽음 씨앗 뿌리며
창덕궁 계동 안국동을 지나 중앙청으로 들어섰다
'원쑤들을 물리치고 이 나라를 건져내어
빛나오는 새 역사에 밝은 아침 열려졌다
위대할 사 노래마다 높이 찬양하는
해방은인 우리의 벗 스딸린 대원수
천추만대 기리 빛날 만세를 웨친다
인류태양 그대에게 영예를 드린다'
서울 하늘에 화전민이 불태운 연기처럼 울려 퍼지는 이 노래는 이른바 전쟁농사 대풍을 기리는 '스탈린 찬가' 김일성은 남침 당일부터 이승만이 북녘 땅을 갈아엎으려고 했기 때문에 남녘 땅에 쟁기를 들이 대었다고 선동했지만 실은 김일성이 서울사단이라고 이름 붙여준 리영호 병사들 입으로 그들이 김일성의 지시로 서울 땅을 갈았다고 떠벌리고 다녔던 것이다

김일성이 쥐어준 품삯은 고작 '서울사단' 이란 깜부기뿐이었지만

기러기 편지

이상조*는 기러기 날아가는 곳마다 주둥이에 문 편지를 떨어뜨린다
중학생 몸으로 항일운동을 하다 일경에 체포되었다 광동으로 탈출해 중산대학 재학 중에 주은래가 권하는 제국주의 일본 파괴 작업에 동참했다는
일본 패망 후 평양으로 들어가 혁명 과업 동참해 노동당 중앙위원회 부부장 상업성 부장 조선인민군 부 총참모장 군정위 북한측 초대 차석대표 소련대사 거쳤다는
김일성은 휴전 후 본색을 드러내며 피바람을 불러일으켰다 이에 반기를 들다 김일성 덫에 걸리기 직전에 탈출(1962)했다는
98년 시베리아에서 서울로 날아온 동안에 날아온 거리보다 긴 편지를 남겼다
그는 김일성과 함께 육이오전쟁을 치렀으며 마오쩌둥의 조언을 전하고 휴전회담에 참여했다 김일성은 37년 보천부전투 때 시골 경찰관 주재소 하나를 습격해 일본인 몇 명을 살상한 사건을 왜군이 전투에 진 치부를 감추려고 김일성 목에 두둑한 상금을 거는 바람에 김일성의 명성이 모스크바 잡지 '태평양'에 소개되고 페트로프 중좌로부터 조선의 차바예프*라는 극찬을 받았다 크렘린의 2인자 즈다노프 입김 덕분에 김일성은 조선민주주의인민공화국 초대 수상 자리를 꿰찼다 김일성 남침 배경에는 박헌영의 20만 남로당 봉기설과 자신의 오판이 도사리고 있다 인민군이 낙동강전선에서 육탄전 벌일 때 마오쩌둥에게 후

퇴를 종용받았으나 다 된 죽에 코 빠뜨린다며 거부했다는
97년 겨울 낯선 기러기가 날아와 마지막 소식 전했다 지난해에
묻힐 땅 허락해준 민스크는 이상조가 영면 중인 고향이라는

* 이기붕 편저 『증언』(1989) 참조
* 차바예프 : 레닌의 숭배자이며 레닌의 명령이라면 물불 가리지 않고 덤비는 무식하고 충성스런 부하

두뇌플레이 축구

평양축구의 박치기는 명 팀을 꾸려가는 버팀목이었다 선수들 가운데 방호산은 멧돼지처럼 용감하고 토끼처럼 지혜로웠다 그의 축구에는 예비동작이 없다 한 번 킥에 38선을 돌파했다 개성을 공격할 때도 기상천외한 지혜를 발휘해 주공방면의 수비대 발을 묶어놓고 폐기된 철선을 복원해 열차에 선수를 싣고 개성시내를 뚫었다 서울을 공격할 때도 마찬가지였다 서울에서 대전을 거쳐 한반도의 최남단 전남을 제일 먼저 점령한 뒤 부산으로 돌진하는 지름길을 두고 진주 하동에서 교묘한 교란작전을 펼쳐 채병덕 경남지구관구사령관을 비롯한 1개 대대병력을 완전히 녹다운시켰다 인천상륙작전으로 혼비백산 중에도 여느 선수와 달리 자기편 선수는 물론 남하한 각 기관 요원 8천 예비선수까지 데리고 지리산으로 들어가 토벌대와 대치하다 50년 10월경에 손실 없이 김일성에게 도착신고를 하자 김일성은 그를 군단장으로 승진시켰을 뿐만 아니라 이중영웅칭호까지 안겼다 시합이 끝난 뒤 김일성이 센 누에처럼 고치를 짓고 승천준비에 몰입한 시절에도 김일성의 눈 밖에 난 팔로군출신을 중용하다 최창익 등 연안파의 목을 치던 칼을 뽑아 54년 이중영웅 당적 군적까지 날려 선수자격을 빼앗겼지만

미꾸라지 통 속 메기

50년 9월 21일 이학구 총좌의 귀순은 뜻밖의 횡재였다
그는 김일성의 전투명령 제1호와 김일성이 장롱 깊이 숨겨둔 과거와 보급마저 끊긴 낭패한 인민군 극비 보퉁이를 풀어헤치며 대한민국 장군계급장을 달라는 간소한 답례품을 요구했다 밉지 않은 그 요구를 들어주고 싶었으나 그의 어깨에 달린 중후한 계급장과 딘 소장을 물물교환 할 수밖에 없었다 김일성은 영웅칭호라는 당근으로 그를 회유했다 그는 김일성의 환심을 사기 위해 가장 악랄한 투사로 돌변했다 17만이 우글대는 포로수용소에 비린 바람이 일기 시작했다 강력한 친공조직 해방동맹을 결성했다 17만 포로 중의 포로로 군림하며 수용소를 공포의 도가니에 빠뜨렸다 반공이란 딱지가 붙은 포로가 밤마다 미궁으로 빠져 이튿날 아침 똥 덩어리로 떠올랐다 52년 도드 포로수용소장을 납치해 포로의 포로로 잡는 회심의 드라마도 연출했다 도드 준장의 몸값은 비쌌다 포로들에게 저지른 야만적 행위 자백 포로의 전원 송환 보장 강제심사 즉각 중지라는 요구를 다 들어주고 겨우 풀려났다
53년 휴전조약을 체결하며 이학구는 돌아오지 않는 다리를 건너갔다 김일성은 반공포로가 틀니처럼 빠진 자리에 이학구를 끼워 넣었지만 자기 식성을 충족하기엔 아쉬움이 너무 컸다 그는 담장에 에워싸여 출구 없는 무덤 속에서 쥐죽은 듯 숨죽이고 살다 자기 명줄을 자기 손으로 자른 비운의 메기였다
그의 뒤에는 김일성이 미꾸라지 통에 집어넣은 메기라는 꼬리

가 늘 붙어 다녔지만
저승으로 떠난 뒤에도 떨어지지 않은 꼬리는 남았다

*이원복 지음 『한국동란』(1969, 제5권) 195~276쪽 참조

군인 중의 군인*

살인 방화 겁탈 탈취 폭력과 무법이 난무하는 전장의 뒤통수를
가격하는 사건이 발생했다
클라우제비츠의 정의에 가장 근접한 결투하듯 육이오전쟁을 치
르는 군인 중의 군인이 출몰했다
그는 긴자골목에서 한국인 여학생을 괴롭히는 야쿠자 두목을
한 주먹 때려눕힌 의리의 사나이로 일약 스타덤에 오른 일본 중
앙대학교 출신 하준수
그는 자신의 신념에 충실하기 위해 사랑하는 부모형제처자식
3백 석지기 재산 다 버리고 고향이지만 적국이 된 타국에서 애
오라지 나라 위해 자신을 희생했다
김일성 명령에 따라 1950년 6월 24일 대남유격대 총 사령관으
로 부하 2백을 인솔해 강원도에서 출항해 신불산으로 내려왔다
무기는 물론 식량 한 톨 지원받지 못하는 열악한 조건에서 군경
과 3년 동안 전투를 하면서도 가급적 전투보다 협상으로 갈등
문제를 해결하려 했다
투항한 적은 용서해주고 부상병은 피아 구별하지 않고 치료해
줬다
전투 시엔 용감무쌍해 적게는 몇 배 많게는 40 배의 적을 꼼짝
달싹 못하게 묶어두는 게릴라전의 최고수였다
체코슬로바키아 전술학 전문가들도 남도부 사령관 연구에 심
혈을 기울였다
중화기 한 정 없는 소총 무장으로 3년 동안 토벌군 살상 3백 여 명

트럭 파괴 5배여 대 무기 2천여 정 소총탄약 1만7천여 발 중기 4정 노획
부산 조병창 소각 등의 전공을 세웠다
1954년 대구에서 체포되었으나 자기 목숨은 단좌하되
부하의 목숨을 살려달라는 구명운동을 펼쳤다
1957년 사형을 집행하는 날까지 한 번도 비겁하게 목숨을 구걸하지 않았다
김일성은 선동과 권모술수로 남침 극을 꾸며 5백 만의 사상자를 내고 자기가 파견한 부대를 호랑이 아가리에 던져주고 휴전의 보호막 안에 숨은 전범이라고 신랄하게 비판은 했으나 투항을 거부하고 57년 스무 발의 총탄세례를 받아도 명중한 총알 한 발 없다는 소식 듣고 천년에 한 번 우는 신불산도 울었다는 전설을 남겼다

* 정원석 지음 『북위38도선』(2006) 참조

마오쩌둥의 농우

마오쩌뚱은 김일성이 손 내밀지 않아도 압록강을 건넜을 것이다
조선과 우리는 순망치한의 관계이다 출병하여 돕는 것이 도리라
며 린바우를 점 찍었다 저는 치료를 받으러 러시아로 가야 합니다
그러자 마오는 팽더화이를 지명했다 저야 황소처럼 튼튼합니다

팽더화이는 최신병기 하나 갖추지 못한 군지휘자였다
병력수와 전술전략의 우세를 앞세워 최첨단 화기를 고루 갖춘 미
군에 기죽지 않고 당당히 맞서 50년 10월 하순부터 이듬해 봄까
지 다섯 차례 싸워 종이호랑이라 야유하던 미군의 입을 틀어막았
다 압록강을 건너던 날부터 1129일 동안 달팽이 같은 집 속에서

53년 7월 27일 휴전협정을 체결할 때 항미원조전쟁의 의용군
대표로 날인했다
논공행상으로 54년 국방부장관에 올랐으나 58년부터 대약진운
동을 펼치며 마오가 우상화 길로 빠지자 진실을 호도해 혼란을
부채질한다 허장성세가 판을 치고 믿지 못할 기적을 앞세워 진
실을 몰아내려 한다고 쓴 소리를 뱉었다

마오쩌뚱은 당원의 입과 손을 빌려 마오안잉을 죽음에 빠뜨린
살인자라며 그를 난도질해 살을 발라먹고 뼈를 산에 뿌려 까막
까치 모이로 던져주었다

지리산 재귀열

참 지리산 오지랖 넓다
치마끈 졸라매고 험한 보릿고개 넘는 중에도
생쥐처럼 숨어든 공비들 다 먹이고 입혔다
보리방귀 뀌듯 총성이 끊일 날 없어도
귀한 자식들 재귀열 앓다 쓰러져도
얼굴 한번 찡그리는 법 없었다
담양 장성 화순 영광에서 2백 9십
함평에서 5백 2십
고창 순창에서 1천 3백
산청 함양 거창에서 1천 4백
나주에서 5백
임실에서 3백 9십
50년 겨우내 재귀열 금줄치고 생사람 잡아도
자식 목숨 다 내놓고 눈물 강에 배 띄웠다
자식 잃고 채웠던 자물쇠 이제야 여는 것은
너그러이 용서는 하되 잊어서는 안 되기 때문이다
과거를 잊은 사람에겐 미래가 없기 때문이다

숨겨둔 보물

황장엽은 숯 굽는 총각이 숯 굴 아궁이에 얹어놓은 강돌이 아니라 생금장이었다

옛날 지지리 어리석은 총각이 숯을 구워 연명했는데 복 많은 백정 딸이 시집을 왔다 시집 온지 사흘 만에 신부가 점심을 이고 서방님 숯 굴을 찾아가 숯 굴 주위를 돌아보니 아궁이의 강돌이 돌이 아니라 생금장이었다 깜짝 놀란 신부가 서방님 이리 귀한 생금장으로 왜 숯 굴 아궁이를 만들어요 그러지 말고 아궁이의 생금장을 팔아 집도 사고 논도 사서 떵떵거리며 살아봐요. 그러자 서방님은 숯 굴을 부수다니 입에 풀칠하는 복까지 달아날 소리 하지 말라며 버럭 화를 내었다

아내는 기가 막혀 집으로 돌아와 시어머니께 똑 같은 간청을 했다 시어머니는 버럭 울화통을 터뜨리며 우리 집에 생금장이 있다는 소문광문 나면 강도를 만나 제 명에 못 살 것 사람들이 금인 줄 못 알아보게 짐짓 불에 그슬려 알아보지 못하게 강돌로 얹어 두었으니 그 입 단단히 자물쇠를 채워두라 야단치셨다

삼시 세끼

젖통에 목매달던 세 해는 가라
일 년 열두 달 삼시 세끼 전쟁무기만 먹었다

화약연기 마시며 일터로 나가
하루 종일 부지깽이로 벌겋게 타는 해 불잉걸 위에
부글부글 끓인 부대찌개 건더기 핵 이빨 믿고
장갑차 군함 헬리콥터 닥치는 대로 씹어 돌렸다
미사일 젓가락을 손에 쥐면 집을 것이라곤
소총 기관총 크레모아 대전차지뢰뿐이지만
탄저병 흑사병 페스트균 만두도 자주 나오는 곁두리
이따금 생화학 가루로 끓인 수제비는 별미다

일 년 열두 달 거친 음식 소화시키는 밥통 수고 눈물겹다
장갑차 군함 헬리콥터 육해공군 동원된 상식을 거부한다
오죽 난감하면 거친 음식 상식하겠냐는 동정론도 만만치 않지만
거친 음식에 적응하는 내성이 순순히 응해줘
방귀소리 펑펑 요란한 건강전선에 이상 없다
놋요강 뚫은 오줌발 남해에 질펀하니
머리털 난 이후로 화재 걱정 해 본 적 없다
황금 변을 쌓아놓은 한라산을 보아라
내일 아침에도 산봉우리는 웃는 해를 맞을 것이다

내일 점심시간에 짬이 나면
카페 판문점에서 저승 가도 나라 걱정 많을 장성택과 담소하고
싶다
입은 밥통 걱정하고 밥통은 입 걱정하는 세상을 만들어 보자고

사생결단

죽인 자 힘 덜어주려고 무덤 짓던 순둥이들
목 벤 자 피 묻을라 장대에 꿰어주던 순둥이들
자른 자 옷 해 입으라고 가죽 벗겨주던 순둥이들
팔다리 자른 자 고생할라 배낭 챙겨주던 순둥이들
벤 자 짐 가벼우라고 귀 코 떼어주던 순둥이들
심지어 죽인 자 바가지 하라고 해골 바치던 순둥이들
공자도 기러기 편에 예의바르다 소식전한 순둥이들
묻고 싶다 어쩌다가 서로 사생결단 했는지

첫 단추는 잘 달았는데

김익렬은 47년 9연대 부연대장(소령)으로 제주에 부임했다
48년 2월 연대장(중령)으로 승진했다 남로당 무장대 대장 김달삼과 평화협정 체결(48.4.28)로 화합의 단추를 달기 시작했다

'첫째 단추 사흘 안에 전투를 중지하되 단발적인 충돌은 연락이 안 된 것으로 닷새 후의 전투는 배신으로 간주한다는
둘째 단추 단계적으로 무장을 해제하되 만약에 약속을 어귀면 즉시 전투를 재개한다는 호랑이발톱 세운
셋째 단추 친일했거나 민족을 반역한 관리 및 사악한 경찰은 물론이며 법을 어긴 서북청년단도 처벌한다는
넷째 단추 지나치게 비대해진 경찰 수를 솎아낸다는
다섯째 단추 살인 방화 등 범법자의 명단과 범죄내용을 제출하고 자수하면 품어주고 폭도가 무장해제하고 귀순하면 신병을 보장한다는' *

조병옥 경무부장의 강경진압방침으로 여드레 만에 막은 내렸지만

* 박윤식 저, 대한민국 현대사 시리즈 2 『참혹했던 비극의 역사 제주 4·3사건』(2011) 154~155쪽 참조

불가사의 9

김일성 부하들을 산악지대로 몰아내서 그자들을 굶겨 죽여야 한다고 이승만은 뭘 믿고 큰소리 쳤는지 불가사의야
사팔 년 사삼사태(48.4.3) 제주도민 학살 주역 박진경 9연대장 혼자 몇 만을 살해하다니 불가사의야
삼팔선 250 킬로 그 먼 거리 번스틸 러스크 두 대령이 불과 30분 만에 후딱 그어치우다니 불가사의야
육이오전쟁(50.6.25) 기습남침 사흘 만에 서울 도착 불가사의야
구 일오(50.9.15) 매아더 유엔군 총 사령관의 인천상륙작전(50.9.15) 대승 불가사의야
일만 사천 피난민을 싣고 탈 없이 거제에 닿은 나루 선장의 빅토리 호 불가사의야
오일이칠(51.2.7) 최덕신 11사단장 산청함양거창양민 1천4백 명을 학살(51.2.7~2.10)하다니 불가사의야
오이 팔 오(52.8.5) 정·부통령 선거 전쟁 중에 무사히 치르다니 불가사의야
칠 이칠(53.7.27) 휴전조약 발효시각 밤 열 시 정각에 지축을 뒤흔들던 총성 칼로 벤 듯 싹둑 잘리다니 불가사의야

앗! 전쟁이 터졌다

50년 6월 25일 최학모 중위는 새벽 2시 경 포성이 쿵쿵 울리는 굉음 듣고 본능적으로 납작 엎드렸다 땅을 긁는 캐터필러 소리가 귀 후비는 순간 그의 귀는 말한다 '앗 전쟁이 터졌다' 고
탱크다 사병의 겁먹은 표정이 최중위의 눈썹에 매달리는 순간 최 중위의 눈은 말한다 '앗 전쟁이 터졌다' 고
최학모는 황급히 전화기 손잡이를 돌렸다 그러나 적은 이미 전화선마저 끊어버렸다 덜덜 떨리는 손은 말한다 '앗 전쟁이 터졌다' 고
전날 밤 파티에 취한 술이 채 깨지 않은 채병덕 사령관은 급박한 소식 듣고 몸은 말을 듣지 않아 일어나지 못해도 두뇌는 명령한다 '적을 물리치라' 고
부인으로부터 전갈 받고 5시 40분경 육본 사무실에 들어선 장도영의 발은 말한다 '앗 전쟁이 터졌다' 고
오전 7시에 비상동원령을 결재하는 신성모 국방위원장의 펜대는 갈긴다 '앗 전쟁이 터졌다' 고
경회루에서 낚시하다 번쩍 치켜 든 이승만 대통령의 낚시에 낚였다 '앗! 전쟁이 터졌다' 고
허둥지둥 귀대하는 휴가병의 발자국 소리 요란타 '앗 전쟁이 터졌다' 고

될성부른 떡잎

김종필은 애국충정 화살이 육군 정상들의 두뇌를 뚫지 못하면 나라가 나락으로 떨어질 수도 있다는 위압감에 짓눌렸다

'육군 참모총장 채병덕 인사국장 강영훈 대령 작전교육국장 장창국 대령 군수교육국장 양국진 대령 황헌진 고급부장을 향해 난사하는 혀가 떨렸다 1년 전부터 인민군은 부쩍 고강도의 전투훈련을 강화했으며 최첨단 무기는 소련으로부터 청진 나진항으로 뻔질나게 들어오고 며칠 전부터 삼팔선 근처에 거주하는 북한주민을 후방으로 빼돌렸다 급하게 보수작업 마친 삼팔선 근처 도로 위엔 전방으로 옮기는 트럭들이 줄을 잇고 탱크 중포 등을 일제히 38선에 배치했다 과거의 전쟁도발 예에서 보듯 일본의 하와이침공도 독일의 폴란드침공도 일요일에 감행되었다 내일이 바로 그때 그 일요일 아침이다 각 부대는 외출을 중단하고 방어태세에 돌입하지 않으면 안 될 일촉즉발의 위기 상황이다' *

타는 속은 부글부글 끓고 눈까지 벌겋게 익었으나 위기 앞에 선 수뇌부는 밤에 전개될 아름다운 무희들과의 파티장소를 향해 달려간다 백척간두라는 브리핑을 듣고도 첩보원을 파견해 철저히 조사한 뒤에 내일 아침 다시 보고하라는 지시에 그만 털썩 주저앉고 말았다

* 장문평 이동식 공저『한국전쟁 1권』 멸공홍보회 참조

특수재난구조대

대한호가 좌초 위기를 맞았다는 소식이 학생들의 팔을 걷어붙였다
'이철승은 서울을 벗어나 대덕 군청에서 전국학련 구국대 결성했다
대장 이철승 총무 양근 오홍석 등이 특수구조대깃발을 들었다
충남 학도병 3백여 명은 제3사단 품에 안겼다
김도린 등 현지 학도병은 안강 기계전투에 뛰어들었다
최은영 차후재 등 전국학련 구국대는 일본 후지산으로 들어가 몸 만들어 안강 기계전투 참전했다
경북 학련의 이용택 등도 학도병을 모아 영덕지구 전투현장으로 달려갔다
이철승은 전국학련 경남 지구대를 창설 양근춘 대장 등 4백여 명이
서북청년단 호림부대로 달려가 안동지구에서 고군분투했다
이덕원 등 1백여 명은 특무대로 뛰어들었다
피란민 속에 끼어든 인민군을 이 잡듯이 뒤졌다
전국학련 동지 2백여 명은 학도경찰 모자 썼다
박광근 등 강원학련 4십여 명은 특별훈련을 마치고 미 제1기갑수색대에서 활약했다
안기백 등 재일교포도 미 8사단으로 달려가 낙동강 전선에 뛰어들었다' *

주인은 술상 차려 보답했지만 어른들만 마실 뿐 학생들은 명함도 내지 못했다

*월간조선 편 「60년 전 육이오는 이랬다」 중 이철승 '학도병 모아 대구 사수에 앞장섰다' 참조

대동맥이 끊어지다*

백골부대 김상덕 중위는 모내기 휴가 중 전쟁소식 움켜쥐고 서울로 뛰었다
난자당한 한강 대동맥을 막으려고 박명웅 소위 한호 상사 김원태 상사 김화수 상사 김중섭 등 귀대 병사들을 모았다
대동맥이 끊기면 한반도의 심장이 멎고 심장이 멎으면 금강도 낙동강도
연쇄반응 일으킨다는 것을 그는 누구보다 잘 아는 의사였다
6월 27일부터 1분 1초도 방심할 수 없는 한 주일 내내
1개 중대병력으로 한강으로 돌진하는 황야의 무법자와 대적했다
두 번 세 번 실패할 때마다 오기가 발동했다
한강 대동맥이 잘리면 한반도의 생명이 위독하다는
한신 부연대장의 격려는 한강을 고수하란 명령 같았다
상부와 연락은 두절되고 실탄도 양식도 끊긴 최악의 상태였다
농민이 돌보지 않는 들판의 채소와 주인 잃은 소를 도살해 허기를 때웠다
그 덕에 강을 건너려는 적을 번번이 물리치는 천우신조의 전공을 세웠다
일주일 동안 적의 대부대와 사투를 벌였으나 추호도 흔들리지 않았다
옹신에서 쌓은 실전경험으로 충전한 백골부대 병력손실 덜어줘 용기백배했다
총공세 감행하는 적을 물리친 천우신조 믿고 영등포를 꿋꿋이

지켰다
적한테 백골을 표주박으로 줄 지언 정 포기할 수 없다며 버텼다
병사들은 이레째 접어든 7월 3일에도 육탄으로 저지하겠다지만
산자에겐 삼시세끼 고뇌와 고통이 배식되고
죽은 자에겐 만기 없는 장기휴가가 주어지는 승산 없는 전투는
비켜라
적과 당당히 맞설 내일 위해 삼엄한 포위망을 뚫고 우리는 달려
간다
목을 빼고 기다리는 시흥 본부로
후퇴 중 사상자가 많아도 총탄이 관통한 옆구리에서 피가 콸콸
쏟아져도
부상당한 몸을 노하사의 등짝에 맡기고 땀 냄새를 덮고 기진맥
진한 동안에도
위독한 생명을 싣고 구급차의 속도에 미끄럼을 타는 동안에도
기필코 다시 돌아올 각오는 흰 구름 한 자락을 찢어 환부를 처
매지만

*김상덕 김완식 공저『7일간의 한강방어』(1998) 참조
*송진현 저『아리쓰리 아리랑』(2010) 91~94쪽 참조

전쟁학교 모범생

학교라는 전당은 가기 싫어도 가야 배우는 곳이다 전쟁을 좋아
하는 사람은 없지만 도둑한테도 배울 점은 있듯이 전쟁에도 분
명 배울 점은 많다 싫든 좋든 배워야 할 학습 기회다
나라걱정이 많았던 손영진은 사관학교 문턱 딛는 생각 복잡했다
난자당한 국위를 회복하기 전에는 나를 죽여도 나는 죽지 않을
것이다
적에게 붙들리더라도 절대로 충성심과 목숨을 바꾸는 파렴치
범은 되지 않을 것이다
어떤 역경에 처하더라도 승리가 불가능하다는 말로 땜질하지
않을 것이다
나라의 안위를 팔아 나의 안위 챙기지는 않을 것이다
죽어서 백골 살아서도 백골이라는 정신으로 무장할 것이다

하늘도 무심치 않아 천우신조의 도움이 그림자처럼 따라다녔다
'육이오전쟁사의 책장이 찢어져도 그의 전공은 온전했다
세 번이나 죽을 고비를 맞았으나 목숨을 빼앗기지 않았다
백골부대 창설 이래 최초로 세 번이나 백골부대 대대장을 맡았다
육이오전쟁 3년 동안 47전의 대부분을 승리로 장식하자 을지
대장이란 별명 군견처럼 붙어다녔다' *

때늦은 후회처럼 선생학교에 입문한 나는 사랑 받는 그의 후배
이고 싶다

* 권오운 저 『승리의 함성』(1990) 참조

대한민국 나이팅게일 효시

전쟁은 상처와 고통과 슬픔이 깔린 비포장도로다
비포장도로를 포장하는 아스팔트 로라 기사가 백의의 천사다
조귀례는 고등학교에 다니던 소녀시절 위풍당당 육이오와 맞섰다
험난한 비포장도로에 무작정 뛰어들어 백의의기사가 되기를 자청했다
밤낮으로 바람 잘 날 없는 험난한 비포장도로를 누비고 다녔다
상처와 고통과 슬픔이 깔린 도로에 요오드팅크와 약을 바르고
붕대를 처매 새 길을 닦았다
굴곡 많은 재갈길이 포장도로가 되었다
그러므로 조귀례 당신을 육이오전쟁 최고의 백의천사입니다
당신은 울퉁불퉁한 한반도의 앞길을 포장한 선각자입니다
오늘도 줄을 잇는 애국심이 통일로를 질주하고 있습니다
부디 평안히 영면하십시오 이제부터는

이 순간은 기적

백두산호랑이가 다부동에 출몰했단 말 듣고 중학생 김성일은
팔 걷어 붙였다

'만일 내가 뛰어 대한 호 구조된다면 임 본 듯 뛰겠노라
군위에서 경주 포항 영주 영덕 강구 다부동 팔공산 영주 황성공
원에 쉬고
대전 강원도 강릉 경포대 지나 주문진 평창 횡성 춘천 홍천 동
대문 돌아
청계천 일동 양평 황해도 항주 능금을 따다
평안남도 곡산 강동 개천 순천 덕천 희천 평양 대동강 건너뛰고
평안남북도 경계 감싼 청천강까지 달려도 다 마찬가지더라' *

전쟁은 나는 이기고 너는 지기이고
전략은 승자는 땅 따먹고 패자는 땅 먹히고
전투에서 승자는 살고 패자는 죽기이고
전쟁 벌어진 곳은 남한이고 북한이고
방아쇠 먼저 당기면 살고 총 맞으면 죽고
승리하면 사기충천하고 패하면 쥐구멍을 찾고
넘치는 것은 공포이고 부족한 것은 용기이고
30년 동안 군에 몸담아도 통일 못한 것은 아쉬움이고
최선을 다했으니 학도병으로 싸운 것은 후회 없고

2015년 6월 25일 날에도 용두산 계단 올라 순국선열께 참배한
그 분과
오후 4시 50분에 통화한 이 순간은 영광이고 기적이다
하늘에서 내려온 별 하나가 우리 집 현관을 노크하는 것 같은

*김성일 지음 『붉은 낙화 밭을 걸어온 학도병』, 『푸른 심장을 멈춘 꽃들』 참조

울음으로 흐르는 강

울음소리로 흐르는 강물이 있다
8·15 전에 강을 건너야 한다는 명령은 지엄했다
낙동강이 뚫리면 더 이상 물러날 곳은 없다
양쪽 다 더 이상 양보할 수 없는 명령이었다
공격의 고삐 죄는 인민군도 반격하는 국군도 믿을 것은 총뿐
총열이 시뻘겋게 닳아도 멈출 수 없었다
인민군도 국군도 죽기 살기로 당길 수밖에 없었다
시체로 둑을 쌓아도 멈출 수는 없었다
낙동강이 불붙기 전부터 강물은 사색이 되었다
지리산 골에서부터 강물은 이미 사색이 되었다
경호강은 아연실색해 흙빛으로 물들었다
남강 물 울음소리는 논개의 죽음을 알리듯 처연했다
함안 근처 강물소리도 처절하기는 남강보다 자심했다
'홍윤희는 50년 9월 1일 낙동강 총 공세를 감행한다는
회심의 특급비밀을 가슴에 품고 유엔군에게 자수했다가
되레 간첩으로 내몰려 무기징역언도를 받았다
홍윤희의 울음소리 보태져 강물이 범람했다
태평양을 건너가 미 국립문소보관소를 샅샅이 뒤져
50년 9월 인민군 총 공격 제보자는 홍윤희이고
이 제보를 가지고 반격작전을 펼쳤다는 문서를 찾았다
그 문서가 증인을 서 주지 않았으면 그 한
지금도 울음소리로 강물 되어 흘렀을 것이다' *

---

*2014. 1. 6. 조선일보 A31면 참조

전쟁은 죽음 연습장

나달수는 휘문중학교 6학년 때 전쟁터로 끌려갔다
그 때문에 불평불만으로 나날을 채웠다
학생인 나를 등록하러 나오라고 하고선 전선으로 끌고 가다니
다짜고짜 강제로 고통스런 훈련을 시키다니
몸은 지쳐 금세 쓰러질 것 같은데 잠들 수도 없다
불러도 대답 없는 어머니가 그리워 미칠 것 같다
훈련으로 하루를 땜질하는 2주일이 2년보다 길다
나 같은 소년이 군에 동원되는 저의를 알 수 없다
누구 좋은 일 시키려고 나를 부산 점령할 총알로 쓰려는 것일까
흥분 비애 원망이 방전하는 날마다 천둥번개 치는 공포가 엄습한다
인민을 해방시키기 위해 전쟁을 한다면서 인민을 해방시킬 어른들은 어딜 갔나
책가방 챙겨 학교가야 될 학생들을 전선으로 몰아넣는 추악한 전쟁광들아
길가에 나뒹구는 어린애의 죽음이 너무 참혹해 차마 눈뜨고 볼 수 없다
쓰러진 방향으로 봐서 인민군이 저지른 만행임에 틀림없다
한 입 베어 먹다 남긴 사과에 개미떼가 장사진을 친다
얼굴은 고통으로 항고처럼 쭈그러져버렸다
나리꽃을 꺾어 가슴 위에 얹어주고 눈물로 배웅하며 주검을 묻었다

전투는 점입가경 점점 정점을 향해 치닫고 있다
그 역시 낙동강 전투에서 총탄을 맞고 큰 대大자로 쓰러졌다
마치 죽음의 연습장은 전장이기나 한 것처럼

집나간 자식들 효성

일본에서 미국에서 모국이 위태하단 비보 듣고 유학생들 기겁했다
네 어미가 무지해서 이런 굴욕 당하고 살았다
네가 많이 배워 어미 한을 풀어달라며 몸을 호미처럼 부리며
뼈 빠지게 일하시는 어머니 한 풀어드리려고 이 악물고 배웠는데
어머니 목숨이 경각에 달렸다니 태극 깃발 펼쳐놓고 출정出征심경 토로했다
'조국애祖國愛 애국혼愛國魂 자유수호自由守護 필승必勝 충성忠誠'*
조국애는 불타 현해탄을 건너가지만 장애물도 만만치 않았다
종손 조만철은 한주일 내내 물 한 모금 안 마시는 단식투쟁으로 허락받았다
신효근은 어미 보러 간단 말 못해 아비에게 수면제 탄 술 먹이고 도망쳤다
기자 김성욱은 참전자 취재하다 펜 던지고 지원 입대했다
천여 명이 지원했으나 합격자는 육백뿐
나도 갈 테야 나는 왜 못 가나 불합격자들 울며불며 오복같이 졸랐다
50년 9월 12일 군함에 올라 배 안에서 밤새 총 다루는 법 익혔다
인천상륙작전 참전해 130여 목숨 주고 빼앗길 번했던 모국 찾았다
252명은 일본의 입국 거부로 노숙자처럼 거리를 떠돌았다

그래도 나는 살았으니 괜찮다며 자신에게 체면 걸고 사는 인생인데
정부는 2015년 이봉남 박봉민 유재만 조인석 등 10명에게 호국영웅기장 수여하고
할 일을 다 마친 듯 손을 씻고 안방으로 들어간다

*「전쟁기념관 도록」(2003) 96쪽 참조
*2015년 2월 9일 조선일보 6·25 在日학도의용군에 '호국영웅기장' 수여편

자랑스러운 인민공화국 금성장

한반도 우방이 유엔군에 쫓긴다는 급보를 듣고
중화인민공화국 인민 양건스도 팔을 걷어붙였다
이 한 몸을 불살라 중화인민공화국 깃발을 한반도에 꽂으리라
전쟁파도에 휩쓸린 조선의 인민을 내 손으로 구하리라
김일성이 지원병을 요청할 때 목소리를 높이는 참모들의 반대를 무릅쓰고 참전하면 백 가지 이익이 따르고 불참하면 백 가지 손해가 따른다며 마오가 파병을 고집한 것은 자기는 먹기 싫지만 남 주기는 아까운 장제스군 포로 2백만을 염두에 둔 포석이긴 하지만
'1950년 10월 29일 함경남도 장진군 하갈우리에서 백병전 벌어졌다
중국인민지원군 양건스 소대는 밥상처럼 엎질러져 혼자 남았다
밥알 같은 총탄마저 떨어졌다
마지막 남은 탄약주머니에 불을 붙여 적진으로 뛰어들었다
마오는 특등공의 관을 짜고 김일성은 인민공화국 금성장 일급 국기훈장으로 떼를 입혔으니 중화인민공화국 영웅이라면 대한민국에서도 영웅대접 받아 마땅한 영웅
그러니 이제는 모든 시름 털어버리고 영면하시라' *

---

* 해방군 화보사 번역 노동환외 『그들이 본 한국전쟁 1』(2005) 64~65쪽 참조

김치 다섯 포기

북녘 12월은 김장하기에는 늦어도 한참 늦었다
변덕이 죽 끓듯 하는 전쟁 때문이기는 했다
12월 하순은 부둣가에 몰려든 피난민을 꽁꽁 언 김장배추를 만들었다
레너드 라루 선장의 눈에는 피난민이 김장배추처럼 보였다
빅토리 호 유조선이 커다란 김장독으로 보이듯이
그는 간절한 마음으로 하느님께 청탁했다
'숨죽은 저 배추들을 신도록 허락해 주신다면 남은 생을 당신께 바치겠습니다.'
하느님까지 정상이 아니셨다
그득한 짐은 다 비우고 간 쳐 놓은 김장거리를 채곡채곡 담으라고 하셨다 유조선도 얼이 빠지기는 마찬가지였다
전장 138.7미터 7천6백 톤에 2천포기 정도 담겠다고 하더니
일만 사천여 포기를 쑤셔 박았다
바다도 괴력을 내뿜었다
50년 12월 23일 영하30도의 혹한을 뚫고 노를 저어 12월 25일 12시 정각에 산타할아버지 선물인 양 거제도에 부렸다
김장독도 김장하는 기적을 창출했다
김치1(손양명) 김치2(이종철) 김치3(김해평) 김치4(○○○) 김치5(이경필) 다섯 포기를 생산했다
전쟁이 끝나자 라루는 하느님과의 약속을 지켰다
빅토리 호의 기적을 하느님께 전하기 위해 54년 수도원으로 달

려갔다
마리누스 수사라는 세례명을 받고 하느님 품에 안겼다

탈북 바람

바람을 일으킨다 너도 나도 호랑이 소굴 빠져 나오겠다고 아우성친다
백두산호랑이한테 호식당한 사람이 열 스물을 넘었다고도 하고
소문나지 않은 사람까지 합치면 쉰일지 백일지 모른다고 한다
박승원 상장은 별을 셋을 다 떼어버리고 대한 품으로 돌아왔다는 풍문 드세다
언제 목 달아날지 모르는 두려운 사람들 10여명이 호랑이소굴 빠져나왔단 소식은
그때 한상욱처럼 귀를 울린다 김일성이 보낸 징집영장을 찢고 쥐구멍 찾은
유엔군 북상 때 숨죽인 세월이 억울해 화풀이하다 부산까지 쫓겨도
후회 같은 거 사치해서 벗어던졌다
군대 가서 고향땅을 한 번 더 밟아보자 켈로부대 지원했다
고소공포증 앓던 전우의 실수로 그 꿈 산산조각 나도 미련은 남았다
쫓기는 그의 꽁무니에 가족에 대한 그리움이 달라붙어 걸음 뗄 수 없었다
마을 어귀 거미줄치고 기다리다 운 좋게 아버지와 아내를 만났다
아니 만난 것만 못한 가족상봉 죄 되어 가족 잃고 눈물수도꼭지 틀었다
다시 삼팔선은 넘었으나 수도꼭지 철철 흘러넘쳐도 잠글 사람 없다

*장문평 이동식 공저『한국전쟁 6』53~76쪽 참조

민주 자유 정의

경기도 파주시 적성면 감악산 고지에는 대검의 칼날이 있다
대검의 칼날에는 51년 4월 중순 영국군의 사투가 있다
영국군의 사투에는 '대대장 카느 중령 안소니 파라 호커리 아보트, 아더, 안소니, 알란 왓킨스, 애그뉴, 에이스 공군 중위, 운전병 에이츠, 바이론, 바코벡, 박스트, 버트, 벅시 일등중사, 베이커, 보리스, 의사 봅, 비 대령, 다슨, 담비, 던컨, 도날드, 도위, 데니스, 데이빗, 업존 이등중사, 에반스, 얼스트, 에스큐 일등상사, 프랭크, 군목 파드레, 페더릭 이등중사, 페이스, 페글라, 페스켓 하사, 페큘러 이등중사, 피쉬, 포커 중위, 푸 이등중사, 프레디, 프레츠, 플린 이등병, 퍗트, 퓨질리어, 폭스, 통신병 가이, 갤리거 일등중사, 길딩, 가이도, 그래햄, 에이치 제이 파이크 대위, 하미드, 헤인즈 이등병, 하티칸 이등중사, 헨리, 헨슨, 호퍼, 홉스, 홉스씨, 잭, 조, 존 맥크래큰 상병, 점보, 무전통신 지휘관 제닝스, 장 레크리, 당번병 저드킨스, 제임스, 칼데인, 크레이든, 켄, 크롬튼 이등중사, 키니, 렌들, 론, 롭슨, 통신병 엘럼, 마이크, 마일스, 메든, 매튜스 병장, 미들튼, 밀스, 마스터스 모라레스, 맥 대령, 맥내브, 나피 이등병, 뉴컴, 폴, 팹워스, 필립스, 소대장 필, 피터, 피지, 피안기, 피지렐라, 피처랄드 이등중사, 로빈, 로빈슨, 로니 워시부룩, 레키, 리차드, 리들잉튼, 루카스, 샤힐 이등중사, 샘, 샵 이등중사, 쇼, 스모키, 스트롱 일등중사, 스토크리 이등중사, 사이키스 이등중사, 스퍼드, 시드, 터기 이등중사, 토마스 브로디 준장, 테드, 테리,

톰, 토니, 브이 씨 칸느 중령, 브락, 브리스톨 이등중사, 브리스랜드 상병, 웰링톤 하사, 워커, 월트 이등중사, 월터스, 월리암피, 지오프'* 등 목숨을 초개같이 버린 전사가 있다
한 목숨 다 바쳐도 아깝지 않은 민주 자유 정의 평화가 있다

*안소니 파라-호커리 지음 김영일 옮김『파란 아리랑』참조

가시고기 메흐멧 고넨츠

전투는 말로 하는 것이 아니라 몸으로 보여주는 것이다 터키군의 마흐멧 고넨츠 중위처럼
51년 4월 22일 터키군 제1여단이 경기도 연천 북동쪽 장승천에서 중공군 제60군 예하 179사단과 맞붙을 때도 마찬가지였다
수적 우세의 포위망을 펼친 중공군 총 공세에 터키군 제1여단 9중대가 걸려들었다 총열이 뻘겋게 닳도록 방아쇠를 당겨도 물밀 듯이 밀려오는 적을 감당하지 못해 터키군 지휘관의 모자가 걸린 막다른 골목에 피라미 떼처럼 몰렸다 포병관측장교 메흐멧 고넨츠 중위는 본부에 황급히 무전을 쳤다 적군이 우리 언덕 진지를 덮쳤고 아군은 거의 다 전사했다 내가 요청하는 지점에 집중포화하라 자기 부대가 전투 중인 포사격좌표를 불러주며 "나를 적의 포로가 되게 그냥 두지 마라 포로가 되어 욕된 삶을 사느니 차라리 명예로운 죽음을 택하겠다"는 유언을 본부에 부쳤다
비장한 그의 유언을 장전해 눈물로 포격했다 이 전투에서 고넨츠 중위를 비롯해 터키군 66명이 전사하고 105명이 실종됐으며 35명이 부상당했다 중공군은 1천여 명이 전사하고 2천여 명이 부상했다
이제는 부디 영면하시라 그대들이 목숨 바쳐 지킨 자유를 먹고 자라는 가시고기들이 튼튼히 자라고 있으니

에티오피아 참전용사

1	Desta	죽자	死
2	Meconen	살자	生
3	Abreham Desta	매달리자	結
4	선교사 신종섭	따자	斷

시위대 태풍 하이옌

필리핀을 쑥밭으로 만든 시위대 하이옌(2013)이 장충체육관에
운집했다
외치는 구호마다 대한민국 심장을 난자한다
장축체육관을 필리핀에 반납하라
대한민국 사돈들은 세 손가락 안에 꼽히는 사돈나라임을 인정
하라
아니라면 차라리 세 손가락을 깨물어 아프지 않은 손가락을 가
려라
세계 각국 중 다섯 번째로 수교한 나라임을 증명하라
아니라면 다섯 손가락을 깨물어 피 나지 않은 손가락을 가려라
미국 영국 뒤를 이어 세 번째로 참전한 우방임을 인증하라
아니라면 5개 보병대대 7420명 중 5백이 넘는 사상자를 내며
사투를 벌이다 전후복구에 땀 보태준 전우애를 반환하라

필리핀 19대대 전투단은 52년 5월 18일 강원도 철원 에리고지
에서
중국군 2개 연대와 맞붙어 5천여 명의 적을 사살하는 전공도
세웠다는데
라모스 전 대통령도 소대장으로 이 전쟁에 참전했다는데
필리핀의 500페소짜리 구 화폐의 초상화에는 전 아키노 대통
령 아버지
마닐라 타임즈의 베니그노 니노이 아키노 전 종군기자도 있다

는데
본 국에 맨 처음 띄운 전문도 '제1기갑 38선을 칼로 베듯 치고
나간다' 는데
장충체육관에 운집한 태풍 하이옌이 황량한 양심을 강타한다

시치미 떼지 마라

모두모두 시시 시치미를 떼고 있지만
이광수 꽁무니에 붙어 다니는 문제는
천재냐 천재가 아니냐의 문제가 아니다
친일이냐 항일이냐의 문제도 아니다
자진 월북이냐 납북당한 것이냐 그것이 문제의 핵심이다
정 궁금하거든 崔恩姬 申相玉 납북수기 '김정일왕국'을 읽어봐
도무지 두 권은 읽을 수 없다면 下권이라도 읽어봐
절개 꺾지 않은 대쪽 같은 그의 삶을 볼 테니

북국고래 사냥감

북국에서 기습한 고래는 질투심이 막강타
저보다 영리한 고기 눈꼴시어 살려두지 않았다
식사량은 엄청났다
잡아먹는 방법 또한 별났다
기운 좋다고 힘자랑하는 풋내기가 아니었다
두세 마리가 어군을 가두면서 꼬리 날개 한두 번씩 첨벙첨벙 쳤다
위협만 할 뿐인데도 고기떼는 금방 사색이 되었다
이력서를 쓰라 자상히 쓰라 열 살 때부터 한 일 달마다 챙겨쓰라잉
잘한 일 잘 못한 일 가리지 말고 쓰라잉
백 장이 모자라명 천 장을 쓰라잉
종이 걱정 하덜 말고 쓰라잉
혁명과업 완수하기 위해 할 수 있는 일도 쓰라잉
수령은 말로 지껄이는 비단장수를 제일 싫어하신다잉
알았으면 글로 쓰지 않고 행동으로 보여 달라며
'원쑤와 더불어 싸워서 죽은
우리의 주검에 영광 있으라
깃발을 덮어다오 붉은 깃발을' 스탈린 찬가를 부르며
서울거리 누비던 북극고래한테 잡아먹힐 번했다
잡아먹히지 않고 살아남은 것은 김성칠의 행운이며
'역사 앞에서'*를 남긴 것은 육이오전사의 행운

*김성칠 지음 『역사 앞에서』 (1993) 참고

형극의 피난길*

탄우가 빗발치는 전선에서 쫓기는 개미떼의 험난한 피난이 시작되었다

50년 12월 3일 최국송 등 멸공구국회 회원 80명이 피난대열에 끼어들었다 기둥서방 같은 혹한도 바짝 따라붙었다 눈보라는 잘가라는 인사도 없이 깃발만 흔들었다 대동강 나루터 임시가설 인도교는 손사래를 쳤다 체념하며 집으로 되돌아간 집마저 고개를 절레절레 흔들었다 냉방에서 뜬 눈으로 밤을 새우다 첫 새벽에 전찻길로 달려갔지만 벽보판이 피난길을 가로막았다 피난할 사람은 대동문과 양각도의 나루터를 이용하란다 가까스로 부두에선 군함이 핀난민을 막았다 군인들이 가설한 다리로 발길을 돌려 다리를 건너 한숨 돌리다 보니 아이를 업고가다 빙판에 미끄러져 아이가 빠져나가도 구하지 못해 인파에 떠밀리며 엉머구리 울음을 토한다 지옥도 이보다 더 참혹할 수는 없을 것 같아 되돌아가고 싶어도 돌아설 공간조차 없다 칠흑 밤은 다리 들여놓을 방마저 철창했다 앞 사람을 길라잡이삼아 하염없이 정처 없이 꾸역꾸역 밀리며 중화 황주~ 언제 끝날지 모를 눈 쌓인 길을 걸어 사리원에 발이 멎었다 사리원 이남으로 가는 사람은 통행증을 제시하라는 벽보가 포효한다 통행증도 백도 없는 피난민들은 눈물을 삼키며 목적지를 팽이처럼 해주 쪽으로 돌아간다 눈치코치 없이 붙어 다니는 혹한 기둥서방까지 거느리고 부르튼 발 채질하며 기약 없는 형극의 탄우 길을 걷고 또 걸었다

*장문평 이동식 공저 『한국전쟁(1987)』 제5권 58~62 89~92쪽 참조

판문점

주인도 상근 점원도 상품도 없는 가게
매매는 구매자와 생산자 직거래뿐
거래 상품은 바늘 실부터 소며 집까지 천차만별
대금은 말로 치른다
통일되면 현재 값의 열 배를 지불한다는

고아들의 어머니

수사자들의 혈투가 끝난 자리에는 어미 잃은 새끼들만 남았다
돌멩이처럼 굴러다니는 어미 잃은 새끼들은 십만이 넘었다
고아들은 남의 집 처마 밑은 집이요 가게는 밥 빌어먹는 일터
양키를 만나는 날은 운수 대통한 날 껌과 과자도 입에 대보고
손님이 먹다 버린 뼈다귀라도 뜯는 날은 귀 빠진 생일

1950년 하루일과를 끝내고 한가로이 밥상머리에 앉아 티브이를 보던 홀트 부부는 전쟁고아들이 양키에게 껌을 구걸하는 애처로운 모습에 아연실색했다
티브이 화면에 비친 전쟁고아의 비참한 생활이 자꾸 눈에 밟혔다
후원금을 보내고 고아를 입양하다 수영도 못하면서 태평양을 건넜다
굶주리는 고아를 모아 먹여주고 입혀주고 재워주며 병든 고아에게 치료해주고 부모가 없으면 부모를 만들어주고 해외에서 적응하지 못하면 일가친척 찾아주었다 홀트아동복지회란 이름으로 부부가 손에 쥔 대가는 비루먹은 새끼돼지를 살찌워 팔아먹는다는 비난이었지만 딸 말리 홀트 여사는 쇠락한 부모의 지팡이가 되기 위해 사랑하는 사람도 뿌리치고 한국으로 들어와 고아들의 어머니가 되었다
저승사사도 고운 마음씨에 홀딱 반했나보다
저승사자가 손짓하고 하느님 아버지가 부르니 하늘나라로 가기는 가야 한다는데

나비처럼 가볍게 날아오를 천사 복이 없어서 애가 탄다는데
천사복 마련해줄 독지가 어디 없나

그녀가 기른 10만 고아들은 한반도에 전쟁이 발생하면 내일이라도 당장 완전무장 꾸리고 전선으로 달려갈 십자군이 된다는데

심리정화조

'68년 1월 3일 정찰국장의 명을 받았다
김신조 일행 31인과 감시병이 1월 17일 비무장지대를 뚫었다
미 2사단 전방 고랑포 부근의 철조망을 끊고 남한 땅을 밟았다
1월 19일 삼봉산을 타다 나무꾼 네 사람을 만났으나
언 땅의 만류 때문에 마음 흔들린 것이 화근이 될 줄이야
이들이 청현경찰서를 깨워 수색에 나섰다
일행은 1월 21일 세검정에 도착했다
검문하는 최규식 경찰서장을 사살하고 도주했다
1월 31일 한 명이 민가에서 생포되는 순간 안전핀을 뽑았으나
수류탄이 불발하며 김신조의 자살을 만류했다
김일성이 선두 지휘해 전쟁을 도발했으며
응당 져야 될 전쟁실패의 책임을 부하에게 떠넘겼으며
목숨 걸고 싸운 참모들을 몽땅 김일성우상화 제물로 바쳤다
무력통일 망상에 빙의되어 인민을 남한폭파병기로 소모했다는
사실 알고
붙들린 몸 마음 돌리기까지 꼬박 한 달이 걸렸다' *

자기 뇌를 세탁한 경험을 살려 직업으로 삼은 그를
남북이 화해할 심리정화조 조장으로 모시고 싶다

*장문평 이동식 공저 『한국전쟁 6』 271~296쪽 참조

계방산 출생일

계방산 출생일은 1968년 12월 9일이다
지옥 문턱까지 끌려갔다 되돌아온 날이다

계방산에 오르려면 알아야 한다
그날 무슨 사건이 벌어졌는지

계방산 골짜기에 들어가면 들어야 한다
"아저씨 나는 공산당이 싫어요." 라는 이승복의 절규를

계방산을 빠져나올 때는 생각해야 한다
그는 왜 공산당을 싫어했는지

사냥 불발탄

비둘기는 날고 사냥꾼은 기니 비둘기 본지 까마득타
비둘기 사냥꾼 장준하 선생이 새삼 그립다
엎드려 자세 취하며 장준하 선생을 가늠쇠에 올려 본다
'민족주의자의 길'*을 장전해 호흡을 멈추고 처녀의 젖가슴을
만지듯
서서히 방아쇠를 당겼으나 선생은 포르르 하늘 높이 날아간다
다시 〈돌베개〉*를 장전해 방아쇠를 당겨보지만
역시 선생은 포르르 하늘 높이 솟구친다
독실한 기독교 신봉자이시니
삼천 배 올리라는 주문하실 리는 만무한데
아차! 깜빡했구나
마음이 급해 선생께 드릴 예물을 잊었구나
남북통일 예물 보퉁이

---

*민족주의자의 길 : 장준하문집 제1권 도서출판 사상(1985)
*돌베개 : 장준하문집 제2권 도서출판 사상(1985)

코리아 불도저

한국이 생산한 세계 최고의 블도저 현대라는 이름의 정주영
그는 강원도 통천군 송전면 아산리 농부로 출발 막노동 쌀가게
점원 정미소 심부름꾼 자동차정비공장 자동차공장 현대에 이
르기까지 한길 닦아놓고 시작이라 했다
민간인 최초로 서울 평양 간 고속도로 닦고 소 천 마리와 평양
종합체육관 싣고 가 금강산개발사업 서해안공단사업 전자 관
련사업 제3국 건설시장 공동 진출 선박해체사업 소형자동차조
립공장 금강산관광과 남북이산가족 상봉을 싣고 돌아오며 이
도로가 가장 난공사라 했다
그가 닦지 않은 고속도로는 대한민국고속도로가 아니다
그가 다니지 않은 뱃길은 대한민국 바다가 아니다
88올림픽을 유치해 운동 불모지에 큰길을 내었다
2001년 남들이 가던 저승길 따라가며 남이 닦아놓은 길 가기는
처음이라 했다

바보새 함석헌

요단강을 건너서 수미산으로 사라진 함석헌을 큰소리로 불렀다
4반세기 만에 부리 내민 바보새 한반도방앗간을 그냥 지나치지
못한다

자유
민주
평화
경제
탐스럽게 가꾸었구나

부정부패
정경유착
악취가 만연하구나

에끼 고얀 것들! 남북통일 숙제장 먼지가 뽀얗게 쌓였구나

키다리 아저씨*

2013년 4월 1일 서울 송파구 잠실동 40-1번지 롯데호텔 라운지에 키다리 아저씨와 키 작은 할머니가 나타났다 60년을 헤매다 만남을 주선한 세월도 환히 웃었다

53년 섣달에 캐드윌러드가 보초를 서고 있는 화성 매향리 초소에 문 두드리는 소리 요란했다 북풍한설에 날려 온 가랑잎 같은 옷차림의 아주머니가 까맣게 탄 숯덩이 같은 소녀를 데리고 서 있었다 휘발유통이 터져 불에 덴 딸을 살리기 위해 20 리를 걸어왔다는 깜짝 놀랄 사연을 통역 백완기를 통해 들었다 그는 황급히 의무병을 불러 응급처치를 시키고 사령관에게 소녀의 치료를 간청했다 소녀는 헬리콥터에 실려 청량리 군 병원으로 옮겨져 치료를 받았다 불 탄 피부 이식하는 고통을 태연히 견디며 눈물 한 방울 보이지 않고 넉 달이나 치료를 받았다 아버지라고 부르며 따르던 소녀의 초롱초롱 빛나는 눈망울은 60년 세월 동안 연잎처럼 자랐다 2013년 1월 그는 화상소녀를 그리는 편지를 띄웠다 멀리 시집보낸 딸처럼 그리워 눈에 선하다는 사연도 담았다 보훈처가 다리를 놓았다 2013년 4월 1일 오작교를 건너 롯데호텔 라운지에서 캐드윌러더와 사연의 주인공 김연순이 만나 얼싸안았다

*2013년 4월 2일 중앙일보 참조

한복 패션쇼

묵은지의 감칠 맛 내는 갈비를 한 입 베어 무는 순간
북에 두고 온 어머니가 가시처럼 걸려
도무지 목구멍으로 넘어가지는 않는다
그래도 어머니추억은 갈비찜에 배어있다는
옆 테이블 손님의 절규가 비수처럼 심장에 꽂힌다
그의 소원은 북에 사는 가족들 생사라도 알았으면 하는 것이고
한반도 지도를 책상머리에 걸어두고 깊은 우물 파는 나는
북한의 4대명산 구월산을 찾아가
구월산여장군 투쟁정신의 솔 씨를 받아오는 것인데
한반도 호 선장은 고혹적인 통일대박으로 관중을 사로잡고
항해사는 솔기에 신인 티를 감춘 경제통일로 현혹한다
아름답고 곱지만 대여점에서 빌려 입은 옷 같아
불원간 돌려주지 않으면 안 될 숙명의 패션쇼가

장군 멍군

이조와 한국의 백의종군 맞수가 장기판에 마주 앉았다
이순신이 장군 하니 채명신이 멍군으로 대적한다 채명신은 5·16 쿠데타 최선봉에 섰지만 의연히 본래의 자리로 돌아갔다 국민과의 약속을 저버리고 유신 개헌의 불을 붙이는 순간 "각하 이러시면 각하의 안위가 위태롭습니다 유신만은 안 됩니다" 라는 직언이 철벽에 막히자 미련 없이 군복을 훌훌 벗어던졌다 그는 떡잎 적부터 남달랐다 김일성이 북에서 혁명과업 함께 펼치자며 잡는 손을 뿌리치고 존경하는 선배를 따라 남으로 내려왔다 이것은 시작에 불과했다
가슴에 달았던 별과 훈장을 모조리 떼버리고 사병 곁으로 가서 영면 자리를 보는 순간 외통수에 막힌 이순신도 장기 알을 집어 던졌다

원형탈모증

강금화 강다혜 강명도 강순교 강우현 강원철 강철호 강철환
고영환 고윤송 권새별 권설경 권효진 길영조 김규민 김길자
김나경 김나영 김단비 김도정 김명자 김미성 김미소 김미연
김민정 김병욱 김산호 김석원 김 설 김성민 김성수 김세현
김소연 김송미 김수경 김수용 김수진 김신혁 김아라 김영순
김영아 김영호 김영희 김예나 김용화 김원길 김유송 김윤아
김은주 김인철 김정아 김정원 김정현 김정희 김주성 김주영
김주옥 김주일 김진옥 김창준 김 철 김철수 김철웅 김철진
김충성 김한주 김현아 김현정 김혜송 김희경 도명학 라종억
림 일 류경희 명성희 문성림 박다연 박미경 박상학 박성진
박세영 박세현 박수현 박연미 박영숙 박영철 박영호 박예주
박지수 박태현 박현숙 박혜주 박희순 백미경 서연주 손경주
송영애 송 이 송지영 승설향 신동혁 신은하 신은희 신찬호
신현순 신효재 안영이 안찬일 안혜경 양소현 오길남 오은화
유 나 유상희 유현서 유현주 윤명록 윤성진 윤아영 윤은향
윤지은 이기영 이미경 이보연 이서윤 이선화 이성근 이성희
이소연 이수민 이숙영 이순복 이순실 이순영 이승기 이승아
이애란 이연아 이연희 이영준 이용운 이은주 이인철 이지후
이채연 이태미 이현서 이현진 이효주 임영선 임유경 장범철
장하교 장하연 전금주 전다빈 전영일 전철우 정가현 정민우
정성산 정시연 정은실 정은심 정진숙 정하교 정현이 조여정
조영애 조은주 조진경 조진혜 주순영 지성림 지성호 지소영

채수연 주찬양 차민정 채수연 최광남 최성국 최승철 최영춘 최유진 최윤서 최주활 최현미 최현성 한경애 한명희 한서희 한선미 한세아 한송이 한옥정 한유미 한인영 허일심 현지연 현　화 홍세아 홍순경 홍영화 등은 김일성 3대가 원형탈모증을 앓다 빠진 머리카락 수송수단 여의치 않아 자주 보내지는 못하지만 간혹 평양으로 날려 보내는 고무풍선 물품은 탈모증에 좋다는 탕약입니다 보내는 사람 정성을 생각해서 쓰다고 뱉지 말고 삼키세요 원래 입에 쓴 약은 몸에 이롭다고 하지 않아요

마의 사각지대

누구에게나 감추고 싶은 은밀한 비밀은 있다
누구에게도 들키고 싶지 않은 치부가 있다
남한의 일방적인 반공포로 석방으로 북에서 억류된 국군포로
가 있다
돌아와야 할 포로가 돌아오지 못한 채 억류된 포로가 있다

누구에게나 터뜨리고 싶은 울분은 있다
아무에게도 터뜨리지 못한 울분은 있다
'죽다 깨어나도 탄광이나 기업소 집단농장 시베리아벌목 노예
를 면할 수 없는
국군포로 가족이라는 이기동의 자식 이복남이 있다' *
'천신만고 끝에 죽음의 철조만을 넘어 꿈에 그리던 고향에 돌
아와도
영면할 수 없는 시신으로 돌아온 국군포로 손동식이 있다' *

마의 사각지대가 있다

---

*2014년 10월 22일자 조선일보 A24면 '어느 國軍포로 2세의 눈물' 참조
*2015년 7월 6일자 조선일보 A12면 '62년 만에 돌아왔지만…' 참조

영웅 레클리스Reckless*

미 해병 제1사단 제5연대 화기소대가 무모하게 용감한 레클리스라는 이름으로 추앙하는 영웅이었다
1952년 10월부터 총탄을 나르기 시작해 53년 7월 27일까지 386회나 탄환보급소와 최전선을 생쥐 볏섬 드나들 듯 들락거렸다 어깨에 주렁주렁 달린 퍼플 하트훈장 대통령표창 미 국방부종군기장 유엔군종군기장이 오히려 약소해 미안할 정도로
휴전협정이 체결된 53년 미국으로 들어가 60년에 있었던 그녀의 전역식에는 육군 참모총장을 비롯해 기라성 같은 별들의 축하를 받았다
69년 세상을 떠나자 라이프 지는 미 건국 아버지 조지 워싱톤 토마스 제퍼슨과 노예 해방의 주인공 에이브러햄 링컨 대통령 영화배우 존 웨인 마더 테레사 수녀와 함께 미국의 100대 영웅으로 추서했다
2013년 7월 26일(현지시각) 한국이 낳은 미국 영웅 레클리스의 업적을 기리는 기념관 헌정식을 성대하게 개최했다고 한다 버지니아주 관티고 해병대 본부 해병박물관에 들리면 불가사의한 영웅의 일생을 관람할 수 있다
그녀는 육이오 전쟁사를 종횡무진 달리던 한 필의 말이었지만

*2013년 7월 12일 자 중앙일보 중앙일보 '미 해병대 영웅 '아침해' 기념관 연다' 참조

북한병원은 있는 것이 없다*

칸 아나무어 회원 독일인 의사 노베르트 폴러첸은
신기한 나라의 신기한 병원을 보았다

북한병원에는 화장실이 없다
북한병원에는 수도가 없다

외과병동에는 수술용 칼이 없다
외과병동에는 수술용 장갑이 없다
외과병동에는 의약품이 없다
외과병동에는 소독약이 없다
외과병동에는 주사기가 없다
외과병동에는 비누가 없다

방사선과병동에는 뢴트겐 촬영용 필름이 없다
방사선과병동에는 뢴트겐 관이 없다
방사선과병동에는 전압이 있는 둥 마는 둥하다

소화기과병동에는 글루코메토가 없다
소화기과병동에는 분광계가 없다
소화기과병동에는 실험용 도구가 없다

북한병원에는 있는 것이 없다

*노베르트 폴러첸 지음 김주일 역 『미친 곳에서 쓴 일기』(2001) 참조

슬픈 희극 남북이산가족상봉

슬픈 극은 비극이라 해야 맞지만 남북이산가족상봉은 기쁨으로 넘쳐야 될 만남이 눈물바다이기 때문에 희극이다
남들은 만나지 못하면 슬프다고 하지만 남북이산가족은 만나지 못 할 때는 그리움을 가꾸는 재미에 기대다 정작 만남이 이루어진 날은 죽어도 헤어지기 싫은데 헤어질 변명이 궁색한데 헤어지지 않으면 안 되는 법망을 피할 수 없기 때문에 뼈에 사무친 슬픔이 북받치는 가족상봉이다
대한민국 조선민주주의인민공화국이 주도하는 만남이 아니라 남한 아버지 김섬겸과 북한 딸 순남 씨의 만남이라 슬픈 것이다
두 사람만의 만남이 아니라 일천만 이산가족의 만남이기 때문에 슬픔의 파장이 한반도를 뒤흔드는 것이다

동물의 왕국*

동물왕국에는 수사자가 왕이다
자기가 낳지 않은 새끼들은 앉을자리 설자리를 허락하지 않는다 왜냐하면 하고 물을 수도 없지만 사자 왕이 적으로부터 생명을 보호해주기 때문에 왕국의 재산도 생명도 사자왕의 전유물이다 사자 왕이 넓은 아량을 베풀어 특단의 배려를 한 덕에 조주경 박사는 2000년 서울 이산가족상봉장에서 생모를 만날 수 있었다
사자우리에 갇혀 살던 조주경 박사는 피도 눈물도 없는 사회주의 이상을 좇아 50년 9·28 서울 수복 이후 생모를 버리고 맹수의 우리를 선택해 북으로 갔다 생모 앞에 흘리는 눈물은 사자왕을 겨누는 구슬 탄이라는 각오로 상봉장으로 들어갔지만 어미를 보는 순간 평생토록 쌓은 탑이 와르르 무너지고 말았다 김일성이 평양 옥류관 냉면처럼 깨진 사기조각 숯 자갈 모래 망에다 걸러낸 육수를 먹여주고 재워주고 50여 권의 교과서 참고서와 80여 건의 논문을 쓰도록 가르친 사자왕의 얼굴에 침을 뱉는 불경을 저질렀다는 자술서를 썼다 죽어 마땅한 대역 죄인에게 던지는 돌처럼 모아둔 수면제 한 주먹을 몽땅 털어 넣었다 스스로 형벌을 가하지 않았다면 사자왕의 이빨에 물려 죽을 운명이었지만

*2014년 3월 19일 자 조선일보 A31면 '어머니 만나니 그렇게 ~' 참조

사랑의 향기

클라라가 조지프 갠트를 만나 모란 뿌리 착근했다
2년의 연애기간은 촉촉이 물 뿌리고 김매고 싹 틔우는 기간
만난 지 2년 만에 결혼해 둘 사이에 애까지 태어났다
모란 잎이 무성해 사랑의 울타리를 쳤으니 도둑걱정 사라졌다
조지프가 육이오전쟁에 참전하겠다며 뜨거운 키스를 퍼부었다
나비가 날아드니 사랑이 깜부기가 되지는 않겠다고 믿었다
사랑을 심어준 땅에 진 빚 갚을 기회 만나 기뻤다
몇 달 지나지 않아 남편의 전사 통지서가 날아왔다
잎이 졌으니 사랑은 이제부터라며 깃발처럼 대궁을 쑥 뽑았다
2013년 눈 내리는 섣달에 남편의 유해를 가슴에 안았다
사랑이 우주를 몇 십 바퀴 헛돌다 아내 품에 안겼다
향 피운 듯 그윽한 사랑의 향기가 사방팔방 퍼졌다

사랑의 나비

김진경은 한 마리 나비였다
꽃 냄새가 나면 촉수를 앞세우고 어디든 날아갔다
그는 한국에서 태어났다 그의 지갑에는 미국시민권이 있지만
중학생의 신분으로 학도병으로 출전해 나라사랑 보답했다
미국으로 건너가 올곧은 사랑을 배웠다
인민군과 아귀다툼 벌인 잘못을 뉘우쳐 평양에 과학기술대학교 세웠다
중국군에 총부리 겨눈 잘못을 용서 받기 위해 연변에 과학기술대학교 세웠다
미국에서 배운 사랑 자유 민주 평화를 곳곳마다 전파했다
벗기고 벗겨도 사랑만 벗겨지는 그가 진정한 한류다
그가 행한 사랑이 뜨거운 나비심장의 사랑이다

부러진 칼

김영환은 강철서신을 운동권학생들에게 주사해 홍색으로 물들인 원조주사파다
국보법 위반으로 손발 묶인 구금생활 중에도 민족민주혁명당(민혁당)을 조직했다
91년 남몰래 평양으로 들어가 김일성을 알현하고 이념의 칼 한 자루 받았다
김일성 음덕으로 북한을 관광하던 중에 목불인견의 민초들에 부딪혔다
휘어지지 않는 칼이 부러지는 것은 순간이었다
농부들이 부러진 칼을 그의 손에 들려주었다
그 칼 받아들고 압록강을 건너 중국으로 갔다
탈북자를 상대로 평양에 혁명 기지를 건설하려는 난공사를 벌이다
2012년 중국공안당국에 국가안전 위해 죄인으로 붙들려갔다
전기고문 잠 안 재우기 등 114일 동안 온갖 고초를 당했지만
한 번 부러진 칼이 다시 부러지는 사고는 발생하지 않았다
추방이란 이름으로 고국으로 돌아왔지만 마음은 항상 북한주민 곁에 산다

살풀이굿 한마당

'미군 137,250명 영군 4,903명 터키군 3,216명 오오스트렐리아군 1,584명 캐나다군 1,557명 프랑스군 1,289명 태국군 1,273명 네델란드군 768명 그리스군 738명 에티오피아군 657명 콜롬비아군 639명 벨기에군 440명 필리핀군 398명 뉴질랜드군 103명 남아공화국군 43명 룩셈부르크군 15명 노르웨이군 3명 도합 776,360명은 몸은 한국을 떠났으나 마음은 한국에 남은 유엔군 전사·부상·실종자와 포로들'*

미8군은 몸은 한국에 머물고 있으나 마음은 한국을 떠난 병사들

이들은 모두 위로 받지 않으면 어디로 튈지 모르는 병사들
예사 무당 예사 굿으로는 구제할 수 없는 상처 깊은 영혼들
마릴린 먼로*가 이 상처 깊은 영혼을 구제하기로 작심했다
신혼 보퉁이를 풀지도 못 한 채 도쿄 한 호텔에 두고 새신랑의 만류도 뿌리치고 대구로 날아와 살풀이굿 한마당을 펼쳤다

몸은 떠나도 영혼은 못 떠나는 그대를 사랑해요 '키스해 줘요'
몸은 머물러도 마음은 머물지 못하는 그대도 사랑해요 '다시 한 번 해요'
날이 훤히 밝도록 살풀이굿 한마당을 펼치는 마릴린 먼로의 진심에 우러나온 위무에 혼령도 육신도 촛농처럼 녹아내렸다

---

*강경표외 6명『한 권으로 읽는 6·25전쟁사』(2012) 부록 339쪽 참조.

*마릴린 먼로는 54년 2월에 한반도로 날아와 '키스해줘요' '다시 한 번 해요'를 열창해 전쟁을 앓는 영혼과 유엔군에게 위무慰撫가 되었다.

너랑 나랑 둘이서 짜깁고 싶다

뒤 봐 줄 대장장일 믿고
피로 피를 씻다가 피 얼룩졌지만
자자손손 물려 입을 두루마기
티 나지 않게 깨끗이 세탁했으니

찢어진 앞가슴만 본살처럼 짜기우면 좋으련만
마음에 쏙 드는 수선집을 찾지 못했다

사흘 뒤에 찾으러 오라던 알뜰 옷 수선집도
한 주일만 기다리라던 살뜰 옷 수선집도 종무소식
외동아들 혼인날이 글피인데
속수무책 기다리며 애태워야 하나

차라리 너랑 나랑 둘이서 짜깁기해 입을까보다

많아서 부끄러운 나이테

나이를 먹을수록 부끄러운 나무가 있다
베어야지베어야지 하면서도
70년 동안이나 방치한 나무가 있다
뿌리가 무성해 마당이 벌어지고
해마다 철새들이 날아와 새 둥지를 튼다
새 집 지을 들보를 얹어도 손색이 없을 것 같고
기둥을 세워도 무난할 것 같은데
집에는 거도도 있고 양날톱도 있고
기계톱을 살 돈도 있는데
톱질을 업으로 삼는 톱장이도 부지기수인데
문제는 올라가지 못할 나무는 쳐다보지도 말라는
겁쟁이가 점점 늘어난다는 것이다

샛노란 칼륨 향내

지중해성 기후에 움튼 아주 특별한 모근母根을 유엔기념 공원에
묻은 날
밤새 내린 봄비 소리에 틔워 죽순처럼 컸구나
애들아 어서 일어나 망태기를 챙겨 대밭으로 오너라
죽순대를 꺾어 색깔 있는 요리를 만들자
분단 70주년 기념식에 참석한 이들의 꽉 막힌 대동맥
레몽 베나르*의 샛노란 칼륨 향내를 맡고 속 시원히 뚫리게

* 레몽 베나르 : 프랑스의 참전용사로 한국을 제2의 고향으로 사랑해 한국에 묻히고 싶다는 유언에 따라 2015년 5월 15일에 생존 참전용사로는 최초로 유해가 유엔기념 공원에 모셔졌다

차를 마시며

차 마셔라
차 마시지 마라
다 마셔라
다 마시지 마라
물마셔라
물마시지 마라
정 마셔라

쿵쿵쿵 쾅쾅쾅

세상을 공포의 미궁 속에 빠뜨린 메르스처럼
순항하는 역사의 돛 줄을 갉아먹는 좀 벌레는
며칠 동안 앓다가 언제 아팠느냐는 듯이 털고 일어나는
독감 같은 병균이라고 방심한데서 비롯되었다

오백만의 사상자와 실종자를 낸 육이오도 마찬가지다
백성을 도탄에 빠뜨린 봉건주의를 때려 부수고
모든 사람들이 평등하게 사는 사회주의를 건설하자는
도무지 실현 불가능한 선동에 현혹된 인민을 등에 업은
실패로 막 내린 김일성의 쿵쿵쿵 작전을 미화하는 집단이
아직도 지구상에 존재한다는 것은 21세기 희극이다

봉건제도의 병폐를 불식할 대안은 민주주의뿐이라며
민주주의 우월성을 맹종한 무리들의 쾅쾅쾅 작전 역시
혜성처럼 나타난 새 임을 모시고 새 가정 꾸미고픈 백성에게
연 날리듯 띄워놓고 연줄 자른 범행 그 이상도 이하도 아닌데
4·3사건 육이오전쟁민간인학살사건, 교도소사상범 학살사건,
보도연맹학살사건, 국민방위군사건 일으킨 주동자를 민주주의
수호천사로 띄우는 것은
민주주의 기틀을 부식시키는 역사의 치부다

불의와 맞서는 양심이 횃불처럼 타는 밤은 밝을지라도

아름답다 흥남철수

전쟁이라고 불가사의한 사건이 발생하지 말란 법은 없지만
도무지 믿을 수 없는 불가사의한 사건이 발생하다니

세계사에 오물을 투척한 가장 추한 육이오전장에서
가장 아름다운 명화名畵 한 편이 태어나다니

공산군의 횡포에 속절없이 당하게 될 무고한 생명 10만을
바다 위에서 블루스를 추듯 미끄러지며 구출하다니

'최후의 만찬' 도 이보다 아름다울 수는 없다
1950년 크리스마스의 기적 '흥남철수작전'

광부의 을미 꿈

육이오 65주기를 며칠 앞둔 오늘은 괄목할 자원을 채취했다
을미년 한해는 유의미한 성과를 거둘 것 같다
개성 고려인삼 평양 건재공장 맑은 아침 련못무역 라선대흥무역회사 조선금강그룹 등 북 기업들의 광고판이 평양 월드컵경기장에 버젓이 걸렸다(2015. 6. 22. 조선일보 참조)
북남 사이에 신뢰하고 화해하는 분위기가 조성되면 당국 간 대화와 협상을 못 할 이유 없다 조선민주주의인민공화국 성명(2015. 6. 16. 부산일보 참조)
1954년 1월 판문점에서 출발한 장거리 선수 88명이 육이오전쟁 마라톤에 출전했으나 현동화 선수만 뉴델리 반환점을 돌아오는 9600 킬로미터 풀코스를 2회 연속 완주하고 이념의 군살이 완전히 빠진 건강한 모습으로 돌아왔다(2015. 6. 22. 조선일보 최보식이 만난 사람 참조)
2015. 6. 23. 1시 30분부터 서울 용산구 전쟁기념관 대회의실에서 '6·25전쟁 시 한강방어선전투'를 재조명하는 학술회의를 개최한다(2015. 6. 22. 조선일보 문화소식 참조)
이 흑요석들이 모여 쌓이면 판문점 문을 쉽사리 딸
열쇠를 만들 날도 멀다고는 할 수 없을 것이다

육자회담

육자 다 마찬가지더라

너 죽고 나 살기

너 죽기 나 살고

너 죽나 기 살고

너 기죽고 살 나

너 가 나 죽 살고

너 고기 나 살 죽

하늬바람

보리밭을 밟던 발자국이 짚신을 벗었다
나비처럼 날아서 청 보리밭을 건너온 입마다 감탄사가 만발한다

꽃봉오리처럼 벌어진 입을 다물지 못한다
한국인의 성형의술은 보는 눈이 더 의심한다고
육이오전쟁 상흔 눈곱만큼도 찾을 수 없다고

"흔하오!" "흔하오!"를 연발하는 요커의 감탄사는 진정한 흔하오일까
"원더풀! 원더풀!"을 남발하는 아메리칸의 원더풀은 과연 원더풀일까

덩달아 병신춤을 추다가 엉덩방아 찧지는 않을까 두렵다

철조망 시인 오미자

동해에 남북을 관통하는 밍크고래가 있다면
지리산에는 통일시인 오미자가 있다

내가 사랑하는 밭두렁시인 오미자 양은
쓴 시는 쓰지 않는다고 쓰지만 쓰고
짠 시는 짜지 않다고 짜지만 짜고
단 시는 달지 않다고 달지만 달고
매운 시는 맵지 않다고 맺지만 맵고
신 시는 시지 않다고 쉬지만 시다

혀끝으로 콕 찔러도 맛을 모르겠다는 시
옆구리 허전한 오장을 달래줘도 고마운 줄도 모르지만
칠팔월 땡볕에도 철조망을 붙들고 시를 쓰는

들쭉단물 시음장

부모의 칭찬은 끼니 같아 한나절만 지나면 시장하고
자식의 칭찬은 외식 같아 한 달만 지나면 기다려지는데
원수의 칭찬은 생일상 같아 해가 가도 배고픈 줄 모른다

자식에게 베푸는 것은 끼니 같아 한나절만 지나면 배고플까 염려되고
부모에게 베푸는 것은 외식 같아 한 달면 지나면 너무 늦어 걱정되는데
원수에게 베푸는 것은 생일상 같아 한 해 한 번도 짜증나지만
원수는 죽어 자식으로 자식은 죽어 원수로 태어난다니
원수를 자식처럼 베풀고 살라는 팔자인가 보다 나는

지금 어디서 헤매느냐

전시란 산 사람 배를 갈라 간 빼 먹는 세상이야
탕 탕 탕! 총성이 그렇다고 방망이를 두드리니
엉덩이 납작 깔고 죽은 듯이 눈 감을 수밖에
이 새끼 너 간이 배 밖으로 나왔구나
눈 뜨란 허락도 하기 전에 왜 눈을 떠
군복 걸친 사내의 폭행에 소스라치게 놀라 깼는데
이것 참 큰 일 났다 어머니가 간 데 온 데 없다

망개잎에 가랑잎 띄워 물 권하는 강물이 수상쩍어
강물이 깜짝 놀랄 큰 소리로 엄마를 불렀다
바위 위에 누워 해바라기하던 남생이가 풍덩 물속으로 숨는다
묻지도 않는데 고개를 절레절레 흔드는 옥수수 밭이 이상해
옥수수가 놀라 늑장거리 할 큰 소리로 엄마를 불렀다
옥수수를 훔쳐 먹던 생쥐가 깜짝 놀라 도망친다
치마 밑이 불룩 튀어나온 산이 하도 미심쩍어
앉은뱅이 산이 벌떡 일어날 큰 소리로 엄마를 불렀다
애타게 찾는 어머니는 나타나지 않고
늙은 달이 혀를 차며 하얀 침 튀는 입술만 달싹거린다
할 만큼 했어 이제 고향으로 돌아가 지친 심신 추스르라고
뜨거운 볼에 담뱃불 붙이는 말 한마디에 귀가 열린다
할머니 말을 떡시루에 찌면 시루떡이 생기겠는데
여태 여기서 방황하다니 고향으로 돌아가야지

자식이 돌아오면 어미 찾아 헤매지나 않을까 걱정해
엄마는 대문간에 귀 통발 대어놓고 발소리 기다리는 줄 모르고
나는 꿈결 걷는 몽유병환자처럼 여태 타향을 떠돌았구나

심장에 둥지를 틀었네

군인들 손에는 아직도 M1소총이 쥐어져 있을 터
T-34탱크의 요란한 캐터필러소리에 지축이 흔들릴 때
방망이수류탄 던지다 납작 엎드린 피투성이 병사는
구급차로 옮겨 줄 들것을 기다려 목젖이 타는데
삼팔선은 온통 피 튀기는 총성이 고막을 찢는데
탱크에 깔린 아우성은 어느 요괴가 다 집어삼키고
끊어진 한강 다리에서 낙하하던 시민 용궁에 무사히 도착했나
총열이 빨갛게 타도록 방아쇠 당기던 병사들은 왜 보이지 않나
쓰러지고 쓰러져도 문쥐 떼처럼 달려들던 인민군은 무찔렀나
땀 뻘뻘 흘리며 주먹밥을 뭉치던 아지매는 어디 갔나
곧 빨갱이와 전투가 벌어진다 뒤지고 싶지 않으면
불알에 요령소리 나도록 피난을 서둘라고 하더니
토벌대 설레에 곰내보처럼 얼어붙은 부모형제 어디다 파묻었나
좆으로 밤송이를 까라면 까는 흉내라도 내라며
공고개로 끌고 가다 무슨 맴으로 이 목성에 빼돌려
멀쩡한 나를 육이오전쟁증후군 병동에 가뒀나
하늘 찌르는 이 마천루는 누가 사는 천국 별당이냐
거미줄처럼 얽힌 도로를 달리는 쇠 말은 누가 타나
두더지처럼 땅속을 달리는 저 괴물은 무엇이며
입술에 웃음을 물고 있는 이들은 모두 이 별의 탑승객이냐
내일이라도 학교가야 될 소년은 어쩌다 책가방을 놓쳐버리고
낯선 별 병실에서 아비보다 더 곰삭은 슬픔을 곱씹으며
언제까지 지구로 데려다 줄 행성을 기다려야 하나

용호상박龍虎相搏

백두산 호랑이는 백두대간은 자기 안방이나 다름없다 큰 소리 치고
해룡海龍은 동·서한만은 모두 자기 운동장이라고 생각한답니다
호랑이와 용은 서신 교환으로 서로 우의를 다질 뿐
호랑이는 산을 벗어나 바다를 여행해본 경험이 없고
해룡은 용궁을 두고 토끼 등에 업혀 육지를 구경한 경험이 전혀 없습니다
백호님 지금은 어금니가 지극한 충심을 곧추세워 경계의 고삐를 당기고 있으나
곧추 세운 충심이 언제 입천장을 뚫을지 모르는 비수를 안방에 둔 것입니다
호랑이는 용의 충언에 감동해 치과의의 도움으로 어금니를 뽑았으나
이내 속은 것을 알고 복수의 칼을 갈았습니다
해룡님 당신 머리에 달린 뿔이 지금은 적을 잘 물리치고 있지만
언제 바위를 부딪고 당신의 목숨을 앗아갈지 모르는 일입니다
용은 자기의 간계를 꾸짖기는커녕 안위를 염려하는 호랑이의 충언에 감동했습니다
백호님의 해박한 말씀은 풍전등화 같은 목숨을 구하려는 등불입니다
그러니 제발 당신이 자비를 베풀어 제 뿔을 잘라주시오
소원이 그러하신데 제가 돕지 않으면 이웃사촌이랄 수 없지요

뿔이 잘린 뒤에야 해룡도 속은 줄 깨달았지만 이다음엔 어떤 묘수로 상대의 심장을 난자할까 잠 못 이룰 뿐 이미 엎질러진 물일 따름입니다

못 밟는 땅 안 밟는 땅

궁한 방에 궁한 머리를 짜며 생각에 잠긴다
북한 땅은 다들 금남의 땅이라고 치부하는 곳
가고 싶다고 마음대로 갈 수 있는 현실은 아니지만
꼭 가려고 지혜를 모으기만 하면 갈 수 없는 곳도 아닐 것이다
가려고 진심으로 마음을 내밀기만 하면
김정은 제1비서의 초청장을 받아 쥐고 환영받으며 갈 수도 있을 것이다
예컨대 내년 봄에 북한 땅을 반드시 밟겠다는 결심이 섰다면
올 봄에 묘판을 만들어 소월의 고장 함경도 갑산 민둥산에 심을
묘목 100만 그루를 정성껏 가꾸는 것이다
그리고 묘목이 정성처럼 잘 자란 가을쯤에
내년 봄에 함경도 갑산에 묘목 100만 그루를 심을 테니
나 좀 함경도 인민대표를 만나 의논할 기회를 만들어 주세요 하고
김정은 제1비서에게 진심 담긴 청을 넣는다면
모르긴 하지만 진심이 제대로 전달된다면
김정은 제1비서도 기꺼이 초청장을 보내 주지 않을까
보내주다 말다 모르긴 해도 묘목 심을 인민 10만 인민을 동원해
환영 깃발 흔들며 한길이 비좁도록 마중을 나올지도 모른다
못 간다는 말은 정말 못 가는 것이 아니라
가지 않으려고 못 간다는 핑계를 만든 짓이 아닐까

고맙습니다

부싯돌에 부시를 쳐 쑥에 불붙이듯
환한 생을 켜 주시어 고맙습니다
조상들은 몇 대를 거쳐도 다 겪지 못한
괭이로 논밭 쪼아 씨앗을 뿌리고
돌멩이 위에 벼를 털기도 하고
훑치기로 벼를 털기도 하고
훑개로 벼를 털기도 하고
트랙터로 씨앗을 뿌리고 수확하는 일까지
그야말로 원시시대와 첨단과학영농시대까지
한 생에 무지개처럼 다 펼쳐주시어
고맙고 또 고맙습니다
머리칼을 뽑아 신을 삼아 드리고 싶어도
이승의 경계를 건너뛸 수는 없을 터
평생 동안 입던 단벌 옷 깨끗이 씻어
제단에 바치면 기꺼이 받으시겠습니까

매미의 신곡발표회

매미가 신곡을 발표한다는
거미줄처럼 얽힌 전파가
광복 70주년 8월 15일을 꽁꽁 묶었다

노래 한 곡으로 누 대를 우려먹던 이종매미가
신곡을 가지고 은행나무 우듬지에 사뿐히 날아올랐다
청중들은 열화와 같은 박수로 환영했다

상기된 매미도 잠시 옷매무시를 가다듬고
마침내 결 고운 노래주머니를 풀기 시작했다
"통일! 통일!"을 열창하는
매미의 노래가 분사추진식제트기처럼 창공을 가르자
청중들의 박수가 블랙홀처럼 빨려 들어갔다

이종매미도 '통일' 한 곡을 발표하기 위해
일흔 해 동안이나 갈고 다듬었구나

노모 생신 이벤트

은하계에 한 대뿐인 세탁기
지구세탁기는 있지만

세탁기 안에서 소꿉놀이에 한눈파는
대한민국과 조선민주주의인민공화국 때문에
골치 썩이다 병원 신세를 지다

병 깊은 어머니의 소원은
한반도 짜깁기 한 가지뿐이라는데
찢어진 한반도를 다 깁지 않고는
죽어도 눈 감을 수 없다는데

병상 맡에서 시름겨운 누이야!

어머니 몰래 반짇고리 챙겨라
글피 생신날 짜깁기 이벤트하게

시인의 뒷말

그날부터 내내

아버지는 어머니에게 실 한 바람을 맡겼다

어머니는 바늘귀에 그 실을 꿰었다

나는 그날부터 찢어진 천을 깁기 시작했다

| 해설 |

육이오의 전쟁, 풍자와 아이러니로 말하기

– 송진현 시집 『가나다라 마바사』 읽기

강 희 근
한국문인협회 부이사장

1.

송진현의 새 시집은 육이오라는 전쟁과 그 참화를 소재로 한 시집이다. 어쩌면 거기 관련된 인물들에 대한 만인보식 스케치라고 말할 수 있다. 만인보라 말했지만 전쟁 속에서 드러나는 인물일 경우 전후좌우 연결되는 사건이나 시대적 의미가 부가될 수밖에 없다고 볼 때 한 인물은 그 한 인물로 독립되어 있기는 어렵다. 고은의 〈만인보〉의 대상들은 모두가 다 역사적 자장에서 자유롭지 않은 인물들로 한 사소한 주변이지만 전체로 번지는 광의의 의미를 획득하기가 일쑤이다. 송진현은 어찌하여 6·25라는 공간과 그 시대를 벗어나지 못하는 것일까?

그의 자전은 그의 부모가 희생되는 전쟁과 연결되어 있다. 시인의 트라우마가 6·25라는 지나간 공간에 붙들려 있으므로써 그는 아직도 6·25로부터 자유롭지 않다.

6·25는 잘 아는 대로 1950년 6월 25일 새벽 북한이 대한민국을 기습침공하면서 발발한 전쟁이다. 유엔군과 중공군 등이 참전하여 세계대전으로 번질 뻔한 것이었지만 1953년 7월 27일에 체결된 한국휴전협정에 따라 일단락되었다. 그 이후 오늘까지 남북한의 유무형의 갈등은 이어지고 있다. 제2차 세계대전 이후 공산 반공 양 진영으로 대립된 세계의 냉전적 갈등이 열전으로 폭발한 대표적 사례로 냉전인 동시에 실전이었으며 국부전인 동시에 전면전이라는 복합적인 성격을 가졌다.

송진현은 전쟁시기에서 휴전 이후까지 등장하는 인물들과 인물들의 관계나 사건들, 그리고 그 사건들에 연결된 인물들에 대해 풍자하거나 아이러니 수법으로 접근하여 전쟁이 가지는 비정함이나 비인간적 실상을 구체화하는 작업을 수행한 것이다. 수행이라는 말은 사건이나 인물들에 대한 호불호라는 스스로의 판단을 가하는 것이라는 의미가 숨겨져 있다.

2.

송진현은 서시에 해당하는 「가나다라 마바사」에서 6·25의 참화를 다음과 같이 적었다.

> 남측군경 육십사만 학도병 칠천 도합 육십오만의 희생자
> 북측에서 육십일만 박 깨지고 코피 터져 줄초상 치른 희생자
> 유엔군 오십오만 중공군 백만의 장미꽃보다 붉은 십자군 선혈

홍수에 휘말린 남쪽 민간인 희생자 백만 북쪽 희생자 이백만
전쟁에 남편 빼앗긴 30만의 미망인 부모 잃은 고아 십만
그들 말은 한결같다 설마하다 직격탄을 맞았다고

이 희생자 기록으로 보아도 6·25는 6백만 가까이 인명이 희생되는 대참사가 아닐 수 없다. 그러므로 어처구니없다는 표현이 옳을 것 같다. 누구를 위해 벌인 전쟁이며 무슨 영화를 누리기 위한 것인가, 백보 양보한다 하더라도 이 전쟁은 답이 나오지 않는 전쟁이다. 그래서 시인은 망연자실, 그 다음에 정신을 차리고 이 시집을 부랴부랴 내게 된 것이리라. 여기 등장하는 인물들, 그 책임이 어디 있고 무슨 역할을 했든지 간에 부족한 사람들이고 보다 우스꽝스런 나라이고 바보들의 행진이라는 생각을 버릴 수 없는 그런 태도를 견지한다.

신혼가정 난자한 치한은 남성이오
고래싸움에 등터진 사람은 여성이오
가족은 두 패로 갈라져 망신살이오
구조대원의 응급조치는 휴전이오
전문의가 권하는 치료는 봉합이오

―「육이오 상잔」 전문

따옴시는 6·25를 보는 관점이 잘 드러난 시다. 결과는 두 쪽으로 나뉜 나라이고 휴전이고 봉합이라는 것이다. 어느 쪽이든 점수를 받을 처지도 아니고 어느 쪽이라지만 그 자체도

영역 구별이 되지 않는다는 것이다. 6·25를 일으킨 주체는 남성이고 등터진 대상은 여성이라 했는데 남북의 구별이 딱히 되어 있지 않다. 그랬든 저랬든 망신살 집안이고 임시로 휴전된 집안이다. 어쨌거나 치한이 난자하고, 등터진 사람이 있고 응급조치되어 있다. 하나도 바르게 되어 있는 상황이 아니다. 그러므로 그 속에 소속된 국민들, 지도자들은 평균 이하라는 것이다. 풍자의 대상이 된다.

다음 작품은 숫제 제목에 '아이러니'가 붙어 있다.

유교 신봉 가정에서 자랐으나 기독교를 신봉하다니
아이러니야
항일운동 했으나 친일파를 옹호하다니 아이러니야
한국인 최초로 정치학박사 받고도 독재정치로 막 내리다니
아이러니야
한국인을 지극히 사랑했으나 외국인과 결혼하다니
아이러니야
(생략)
반공통일 추진했으나 남북분단 주역되다니
아이러니야
미국에 고분고분하지 않았으나 한미방위조약 체결하다니
아이러니야
(생략)
평생 동안 기독교 신봉했으나 모든 종교 포용하다니
아이러니야
독재 딱지 붙었으나 자기 발로 이화장을 나가다니

아이러니야
한국에서 태어났으나 타국에서 임종하다니 아이러니야

—「이 대통령의 아이러니」

본래 아이러니는 아이론(지혜로운 존재)이 있고 알라존(지혜롭지 못한 존재)이 있고 그리고 아이론편이 있어야 아이러니의 삼각구도가 성립이 된다. 그러나 따옴시는 구도와 무관하게 문맥으로 그 의미가 형성되기 때문에 반어反語라 한 것이다. 그렇지만 문맥에서 이대통령은 지혜롭지 못한 알라존이다. 시인은 6·25 중에 지혜롭지 못한 지도자들이 있었음을 지적하고 있다. 그것은 물론 화자의 비판이고 시인의 생각인 것이다.

손만 잡아도 거짓말처럼 아이가 들어서던 시절도 있었다
프랭클린 루즈벨트 미대통령은 43년 11월 이집트 카이로로 날아가 처칠 영국수상 장제스 중국총통과 손만 잡았을 뿐인데 아이가 들어섰다
지구촌이 주목하는 잘 여문 보름달 같은 대한민국이 태어났다
미국에서 수십 년간 청춘을 불사른 산모 이승만이 돌아왔다
옥동자 '대한민국' 품에 안고 태평양을 건너왔다

—「손잡아도 아이 서던 시절」 전문

따옴시는 풍자시다. 손만 잡아도 아이가 들어선다는 말은 거짓이다. 거짓이지만 그 거짓을 참으로 말하는 것이 풍자인 것이다. 거짓과 참 사이를 오가는 이야기는 뭔가 결핍현상

같은 것을 지적할 때 쓰는 것이다. 이 지적은 역시 화자의 몫이다. 비판적이라는 지점도 시인의 시대적 관점의 소산이다. 다음 시는 풍자의 세계를 극명히 드러내준다.

> 김일성 이민위천以民爲天 백성을 하늘같이 섬겨라
> 이승만 경천애인敬天愛人 하늘을 공경하고 인간을 사랑하라
> 트루먼 최선을 다하자
> 스탈린 자유와 독립보다 중요한 것은 없다
> 맥아더 자신감이 있으면 젊은 것이고 두려워하면 늙은 것이다
> 마오쩌둥 항미원조전쟁抗美援助戰爭 남의 나라 내전에 뛰어든 미국에 한 수 가르치기 위해 싸운다
>
> –「좌우명 전시회」에서

따옴시에서 다 풍자가 되지만 맥아더 말만은 풍자가 아니라는 생각이 든다. 혹 필자가 모르는 사이 맥아더 장군이 두려워한 적이 있었는지 알 수가 없다. 어쨌든 시인은 말은 바르게 하고 실천에 옮기지 못한 경우를 풍자하고 있다. 전쟁은 그만큼 진실이나 덕목에 가까운 목표를 실현하기 어렵다는 것을 말해주는 것이 아닌가 한다. 마오쩌둥은 제 얼굴에 묻은 검정은 읽지 못하면서 남의 얼굴에 묻은 가벼운 흠결은 읽는 사람으로 풍자되고 있다.

3.

다음 작품들은 시야가 비교적 넓은 데 착목하는 경우임을

알 수 있다. 「사회주의고속도로 설계사」, 「세기의 챔피언전」, 「바람아 강풍아」 등이 그것이다.

> 한반도에 물류 고속도로를 닦기 위해 최초로 설계도를 작성한 사람은
> 박정희가 아니라고 이의를 제기할 사람은 없겠지만
> 사회주의고속도로를 스탈린이 설계했다는 사실을 아는 사람은 흔치 않다.
> 스탈린은 모스코바 삼상회의 이후 김일성에게 최신 장비를 제공했다
> 능숙한 솜씨로 평양-서울-부산간 사회주의고속도로를 닦게 했다
> 건설 인력은 10억 인구를 통제 관리하는 마오쩌둥에게 떠넘겼다
> 이 와중에 미국이 움직이면 풋내기 김일성은 북으로 쫓기겠지만
> 이 위기에 마오쩌둥의 군대를 투입시켜 코끼리와 곰의 결투를
> 관중석에 앉아 박수치며 구경하다 피투성이 되어 쓰러지면
> 피 한 방울 흘리지 않고 한반도를 수중에 넣는다는 것
> 그 다음엔 한반도호에 승선해 일본 항해한다는 것
> 베트남 유럽을 관통하는 세계 최장거리 사회주의고속도로는 그렇게 시작되고 닦게 될 것이라는 회심의 설계도를 마련했다
>
> -「사회주의고속도로 설계사」 전반부

따옴시는 사회주의 고속도를 설계한 스탈린의 포부와 구체적인 계획을 진술하고 있다. 그러나 스탈린도 그 포부를 실현시키지 못했을 뿐만 아니라 치명적인 허점을 안고 있었다. 후반 시에서 부하 베리아에게 독약을 받고 인생을 끝내고 말았다는 것을 말하고 있으므로 시는 스탈린이 영락없이 알라존이 된 것임을 지적한다. 스탈린을 풍자하고 있다는 말

에 다름 아니다. 시의 화자는 세계나 역사를 보는 눈이 매우 거시적이다. 뒤에서 조종하고 있던 스탈린의 행동이 전쟁의 참혹함으로 덮이거나 민족상잔의 아픔에 짓눌려버리는 것은 일반인의 시각일 것이다. 그러나 시인은 이에 함몰되지 않는 눈을 확보하고 있음을 본다.

여기에 버금가는 시야가 시 「세기의 세계챔피언 전」이 있다.

> 세계의 이목이 집중된 챔피언 결정전이 벌어졌다
> 여느 싸움과 같이 아이싸움이 어른싸움으로 커진 경기였다
> 아시아의 한 모퉁이 김일성과 이승만의 신인왕전이었지만
> 그들 뒤에는 미국과 러시아라는 키다리 아저씨가 있었다
> 스탈린의 코치를 받은 김일성이 기습을 감행하자
> 이승만이 그럴 줄 알았다는 듯이 트루먼에게 도움을 요청했다
> 트루먼은 영국 프랑스 캐나다 등 여러 친구까지 끌고 한반도로
> 달려왔다
> 능구렁이 스탈린은 자신의 예상이 적중한 현실에 미소 지으며
> 더 이상은 판 키울 수 없다며 즉시 마오를 대타로 내세웠다
> 마오는 장개석을 한 방에 때려눕힌 될성부른 신예였다
> 트루먼은 그를 얕보았고 마오는 적의 실력을 가늠하지 못했다
> 5회전을 싸웠으나 서로 녹다운을 주고받았을 뿐 승부를 가르지는
> 못했다
> 두 거인 챔피언 결정전에 매품을 판 사람은 남북한이었다.

따옴시에서는 등장인물들, 곧 김일성, 이승만, 스탈린, 트루먼, 마오 등은 전쟁에 참여하면서 제값을 받아내지 못한 알라존으로 등장한다. 여기서 에이런은 누구인가. 화자이고,

화자에 호응하는 존재는 독자다. 이렇게 보면 아이러니의 삼각구도가 형성된다. 이런 시야는 역사적이고 시대적인 거시적 입지를 보여준다. 역사를 한눈에 보면서 무위한 전쟁에 대해 비판하는 입장을 보인다. 화자의 이런 시각은 일회성으로 끝나는 것이 아니라 현재 진행형의 깨어 있는 성질의 것이라는 점에서 주목된다. 시인 송진현이 6·25를 유년으로 거치면서 스스로 형성된 전쟁이 주는 트라우마로써 드러나는 반응이 열린 시각일 터이다.

「바람아 강풍아」도 상황을 달리 제시했을 뿐 줄거리나 비판적 영역은 앞 시와 같다. 그러니까 같은 레벨과 의식을 반복해 제시하는 작품들을 쓰고 있는 시인은 그 자체로서도 하나의 세계인식의 틀에 갇혀 있는 셈이지만 그러나 그 시야는 인류공동체에 거는 가치에 기댄 것이라 할 수 있다.

4.

송진현 시인의 시 중에서 가장 최근을 배경으로 한 시가 있어 주목된다. 광복 70년에 부치는 시라 할 만하다. 제목은 「매미의 신곡발표회」다.

> 매미가 신곡을 발표한다는
> 거미줄처럼 얽힌 전파가
> 광복 70주년 8월 15일을 꽁꽁 묶었다
>
> 노래 한 곡으로 누대를 우려먹던 이종매미가

신곡을 가지고 은행나무 우듬지에 사뿐히 날아올랐다
청중들은 열화와 같은 박수로 환영했다

상기된 매미도 잠시 옷매무새를 가다듬고
마침내 결고운 노래주머니를 풀기 시작했다
"통일! 통일!"을 열창하는
매미의 노래가 분사추진식 제트기처럼 창공을 가르자
청중들의 박수가 블랙홀처럼 빨려들어갔다

이종매미도 '통일' 한 곡을 발표하기 위해
일흔 해 동안이나 갈고 다듬었구나

따옴시는 거의 유일하게 6·25 공간을 벗어나 오늘에 이르는 '현재'의 노래다. 그러므로 아이러니나 풍자의 그늘을 드리우지 않고 비전으로 앞날을 내다보는 시가 되었다. 이제 송시인은 광복 70년을 깃점으로 비전과 희망의 노래를 불렀으면 한다. 만인보식 인물들이 희화화 되는 일이 없이 늘 지혜롭지 못한 이들의 마당놀이를 치우고 얼쑤, 보름날 민족의 대향연으로 탈춤 5과장을 연희하는 날을 제공해 주면 좋을 것이다.

그러나 송진현 시인은 시인의 몫을 이렇게 한 권의 시집으로 정리하고 내일을 넘겨다 보려고 하는 것 같다. 이 시집은 서사적 단편이 시가 되는 경지를 보여주었고, 세계사적 시야로 역사를 바라보는 시각을 열어보여 주었고, 결코 우리는 맹목으로 희생의 쓸물에 쓸려갈 겨레가 아님을 아이러니나 풍자의 기법으로 확인해 주었다. 이 시집을 읽는 이들은 다시 과거의 족쇄에 걸려들지만 그것은 족쇄를 흔쾌히 벗어던지는 것을 전제로 한다.

6·25는 이제 가거라, 가서 그 역사의 액자를 알고 있는 이들의 동구 밖에는 다시 얼씬거리지 말아라. 이 시집을 읽는 이들의 공동체는 그럼으로써 행복일 것이다. 시인의 행복일 것이다.

가나다라마바사

인쇄일 2015년 10월 01일
발행일 2015년 10월 10일

지은이 송진현
펴낸이 박철수
펴낸곳 도서출판 해암

등록번호 제325-2001-000007호
주소 부산시 중구 백산길 17 삼성빌딩 702호
전화 051)254-2260, 2261
팩스 051)246-1895
메일 haeambook@daum.net

ISBN 978-89-6649-079-0 03810

값 12,000원

*이 도서의 국립중앙도서관 출판예정도서목록(CIP)은 서지정보유통지원시스템 홈페이지(http://seoji.nl.go.kr)와 국가자료공동목록시스템(http://www.nl.go.kr/kolisnet)에서 이용하실 수 있습니다. (CIP제어번호 : CIP2015027203)